監修者——木村靖二／岸本美緒／小松久男／佐藤次高

［カバー表写真］
アッバース1世肖像（1618年頃）

［カバー裏写真］
シャイフ・ロトフ・アッラー・モスク内部

［扉写真］
イスファハーン「世界広場」（「王の広場」）

世界史リブレット人45

アッバース1世

海と陸をつないだ「イラン」世界の建設者

Maeda Hirotake
前田弘毅

目次

世界史のなかの「イラン」とアッバース一世

遥か先まで広がる荒涼とした土漠を進んでいくと、緑滴る広大なオアシス都市が不意に出現する。果てしなき蒼い空のもと、古都イスファハーン▲の「王のモスク」(四四頁頭注参照)を彩るタイルが光り輝く。ユーラシア大陸の中央部に広大な国土を有するイランは、西欧ではペルシアの名で知られてきた。サファヴィー朝第五代シャー(王)、アッバース一世(在位一五八七〜一六二九)は、一代でこの「ペルシア」を世界史の主要舞台に「ふたたび」押し上げた英雄であり、領域と宗教および文化をおもに継承する現代イランの人々にとってまさしく王者の代名詞である。

アッバースは大胆で優れた国家の設計者であり、偉大な建設者であった。宗

▼イスファハーン　イラン中部の古都。アッバース一世がサファヴィー朝の中心都市として再整備した。十七世紀の最盛期には五〇万をこえる人口を擁し、「世界の半分」と謳われる繁栄を誇った。当時、ロンドン・イスタンブル・デリー・北京・江戸と並ぶ世界有数の大都市であったとされる。現代ペルシア語ではエスファハーン。第四章も参照。

▼バンダレ・アッバース　ペルシア湾支配の要で、海外交易の窓口として同時代の日本の長崎のような役割をはたした。バンダレ・アッバースは「アッバース港」を意味する。今日もイラン随一の港湾都市で、イラン海軍の本部もおかれている。

教国家にして遊牧政権であったサファヴィー朝を、シャーとその宮廷を中心とする集権的な体制につくりかえていった。統治体制の変革と並行して国土を改造し、陸路中心の東西交易ルートに加えて、ペルシア湾につながる南北の交通路を整備した。遊牧政権に伝統的な内陸の交易路ではなく、南方の海域とその向こうの世界に注目した点は特筆に値する。ペルシア湾岸に位置するイランの主要港は、現在も彼の名を冠してバンダレ・アッバース▲と呼ばれる。

　アッバースによるサファヴィー朝の「再設計」は、ポルトガルやイギリス、オランダの船が疾走する大航海時代に適合し、王朝は世界とつながった。アッバースは、イランの南北をつなぐ大動脈の中間地点に位置するイスファハーンを新たな都に選んだ。歴史的な古い街並みを残しながら、新街区を造営して、新都は「世界の半分」と呼ばれる繁栄を享受する。これは、アッバースによる新たな国造りを象徴する建設事業であった。

　サファヴィー朝が現代イランに残した最大の遺産は、イラン高原を中心とする領域の一体性と十二イマーム・シーア派▲信仰という領民の宗教的オリジナリティである。アッバースの治世がその確立の画期となったことは論を待たない。

▼十二イマーム・シーア派　シーア派は、イスラームの預言者ムハンマドの甥かつ娘婿であり第四代カリフとなったアリー（六六一没）とその子孫を指導者と仰いだ人々。そのうち、アリーから数えて第十二代ムハンマドが「お隠れ」になり、マフディー（救世主）として終末の日に再臨すると信じるのが十二イマーム派である。アッバース一世は史料中では「アリーの神殿の犬」とも称される。

預言者ムハンマド（右のラクダ上の人物）**とアリー**（左の馬上の人物）

混乱した国内に秩序をもたらし、対外戦争で勝利をかさねたアッバースの人気は絶大で、イタリア人旅行者ピエトロ・デッラ＝ヴァッレ（五七頁参照）は、信用の代名詞として当時用いられていた常套句「シャーの御名において」を伝えている。

アッバースは時代の風に乗る達人であった。中肉中背でつねに日焼けして壮健、頭髪を刈り上げ、特徴的な口髭をたくわえていた。派手好きであり、豪快に酒を飲み干すかと思えば、酔ってブーツが履けない客人の姿勢を支える気さくで世話好きな一面ももっていた。自ら馬を駆って軍勢の先頭に立ち、疾風怒濤のごとく敵に襲いかかって連戦連勝。巻き狩りをこよなく愛し、襲撃者を投げ倒すなど、その体には力が満ちあふれていた。王は政治家としても個人としても魅力に満ちていたが、一方で長子を誅殺し、他の息子たちから視力を奪うとともに、その苛斂《かれん》さから周辺民族の間で現在まで悪名を残す独裁者でもあった。偉大な改革者でありながら、かたくなな伝統主義者の一面も持ち合わせたシャー・アッバース一世は、大きく世界が変動した近世とイラン世界がまじわるところに生まれた。その実像をこれから具体的にみていこう。

①—アッバースの生まれた頃の世界

近世帝国の形成

　アッバース一世は、一五七一(イスラーム暦九八七)年にヘラート(現アフガニスタン)で誕生した。同年、地中海ではレパントの海戦でヨーロッパ勢力がオスマン朝▲に一矢を報い、日本ではいわゆる織田信長包囲網が形成されていた。世界史では、この時代は大航海時代▲の名前でも知られる。アッバースの誕生から遡ることおよそ八〇年前、一四九二年にコロンブスが西回りで現在のアメリカ大陸周辺に到達した。イランといえば東西交易を強調するシルクロード史観の影響もあり、日本では内陸の国のイメージが強い。しかし、ペルシア湾をつうじて、海のシルクロードと古来よりつながっていたことを忘れてはならない。一五一五年にはポルトガルが同湾の重要拠点ホルムズ島(八九頁参照)を占領している。

　海の時代はユーラシア世界に新秩序をもたらした。日本の石見《いわみ》銀山や南米のポトシ銀山で産出された銀が東アジアやヨーロッパへ大量に輸出され、世界的

▼オスマン朝　十三世紀末に建国。一四五三年にコンスタンティノープルを征服してビザンツ帝国を滅ぼした。その後、エジプトやハンガリーなども版図におさめて、スレイマン一世(在位一五二〇～六六)の治世にはアジア・アフリカ・ヨーロッパにまたがる巨大帝国を成立させた。十六世紀をつうじてドン川とヴォルガ川を結ぶ水路を構想するなど、東方・北方への攻勢にでていたが、アッバース一世期は変革期にあり(四八頁参照)、国政の混乱が続いた。

▼大航海時代　一四九二年のコロンブスによる西インド諸島への航海を皮切りに、九八年にはヴァスコ・ダ・ガマが喜望峰をまわってインドに到達した。一五一九年から二二年にはマゼランの船団が世界を周航し、四三年頃にポルトガル船も日本に姿をあらわした。地域内で機能していた既存の交易ネットワークも利用しながら、ヨーロッパは政治・経済・宗教などさまざまな面で周辺世界に影響を与えるようになった。

なインフレを助長し、大きな経済変革が起こった。また火器と歩兵の重要性が高まって軍事戦術が変化するとともに、徴税請負制と傭兵が一般化していく。人々の心性も揺さぶられ、宗教改革の動きも生じた。ヨーロッパで宗教戦争が進行していた頃、イランの大地はサファヴィー朝により十二イマーム・シーア派の色でぬられていった。物流・金融・テクノロジー・宗教の革命は、近世ユーラシアの広域帝国▲成立のきっかけともなった。海の新時代は、陸の帝国形成をも促したのである。

　サファヴィー朝は現代イランの祖型としばしばみなされる。しかし、そもそもはテュルク系、クルド系、アルメニア系などが混住していた東アナトリア境域の勢力を吸収して成長した点も重要である。一五五五年に結ばれたアマスィヤの和約▲によってこの地域をオスマン朝にゆずったのち、サファヴィー朝はイラン高原に重心をおく国家に生まれ変わった。同年にドイツではアウクスブルクの和議によってプロテスタントが公認された。いわば現代につながる宗教と国家の枠組みが、ユーラシア規模でこの時代に形成されつつあったのである。

▼近世ユーラシアの広域帝国　アッバース一世が直接戦火をまじえたのはオスマン、ウズベク、ムガルの三勢力である。これに頻繁に使節の往来があったロシアを加えた四勢力がサファヴィー朝の領域に接していた。いずれも同じ十六世紀に急拡大をはたしている。また、ユーラシア大陸西端では強大なハプスブルク帝国が成立し、東アジアでは一六一六年に建国した後金が三六年に大清に名を変え、グレートパワーとして君臨した。オスマン、ロシア、ハプスブルク、大清帝国はいずれも二十世紀初頭まで存続した。

▼アマスィヤの和約　サファヴィー朝のタフマースプ一世とオスマン朝のスレイマン一世の間で締結された和平条約。コーカサスからアナトリア、メソポタミアまで両国の国境線を定めた。

▼セルジューク朝　オグズ系テュルク人が建てた王朝。十一〜十二世紀にかけて中央アジアより西進し、イランからアナトリアまで広大な地域を支配した。ニザーム・アル・ムルク『統治の書』、ウマル・ハイヤーム『ルバイヤート』などの文学作品も遺された。

「イラン」という舞台

サファヴィー朝がその支配を定着させたイラン高原は、カスピ海岸に東西に伸びるアルボルズ山脈と、メソポタミア平原との境をなして南北に広がるザグロス山脈という二つの山脈によって縁取られている。扇のように広がる両山脈の影響で、内陸部は降水量に乏しく、河川交通は発達していなかった。この時代、イスファハーンから東部ホラーサーン地方の主邑《しゅゆう》マシュハドやカンダハールまで陸路で四〇日、南部のバンダレ・アッバースまでは約一カ月かかった。

イラン高原で農業をおこなうには、両山脈の降水を利用したカナート（地下水路）の整備とメンテナンスが必要不可欠であった。大規模な灌漑農業に支えられたオアシス都市の多くは、二つの山脈ぞいに位置している。また、金や銀といった鉱物資源に乏しいイラン高原の社会は、農耕民と牧畜民が依存し合いながら、ユーラシア各地を結ぶ交易活動を活発におこなうことで成り立ってきた。こうした自然地理的条件は、神から絶対的な権力を授かり、超自然的な力をもつとされた、強大なシャーの王権を生んだ。さらに七世紀のイスラーム勢力の侵攻以降、イラン高原の住民はイスラーム化し、十一世紀のセルジューク

▲朝による支配を経て、テュルク系遊牧民とイラン系定住民が共生する社会（遊牧王権による二元的国家体制▲）が築かれた。

イラン高原は、地政学的観点と歴史的経緯からいくつかの地域ユニットに分かれていた。アゼルバイジャン、ホラーサーン、ファールス、アジャム・イラクが、主要な四地方としてあげられる。アルボルズ山脈の西端とザグロス山脈の北端の先に開けた平原がアゼルバイジャン地方であり、イル・ハン朝▲以来、遊牧政権の政治的中心地となった。サファヴィー朝、後継のアフシャール朝（一七三六〜九六年）、ガージャール朝（一七九六〜一九二五年）のイラン三帝国はすべてアゼルバイジャンで建国された。アルボルズ山脈の東端から中央アジア▲に接続するのがホラーサーン地方（「日の昇るところ」を意味する）であり、遊牧政権のもう一つの中心地域であった。サファヴィー朝は、アルボルズ山脈の南麓を通るユーラシア東西の交通路をつうじて両地方を統治した。ファールス地方は、ザグロス山脈の南東からペルシア湾岸地域に広がり、南方の海洋世界に接続していた。サーサーン朝発祥の地で「ペルシア」の名称のもとにもなった地域であり、ペルセポリスなどの旧跡でも知られる。これらの三地方はしばし

▼遊牧王権による二元的国家体制　遊牧民は牧草地を移動しながら畜産に従事するとともに、騎馬・弓術および成人男性皆兵による強大な軍事力を誇り、交易路の管理などを担って農耕民と共生の関係を築いた。当時の史料では二元的国家体制の担い手として「トルコ人とタージーク人」（テュルク人とイラン人）の表現が用いられる。

▼イル・ハン朝　チンギス・ハンの孫にあたるフレグがイランに建てたモンゴル政権。フレグ・ウルスともいう。第七代ガザンの時代にイスラーム化した。ラシード・アッディーンによる『集史』はモンゴル帝国史の基本史料の一つである。

▼中央アジア　アラル海にそそぐアム川とシル川にはさまれた地域を中心とする。アラビア語ではマー・ワラー・アンナフル（河の向こう側）と呼ばれた。ブハラやサマルカンドなどの古都を擁し、中継貿易で栄えた。『王書』などでは「トゥーラーン」と表記され、イランと対立する地域と伝統的にとらえられてきた。

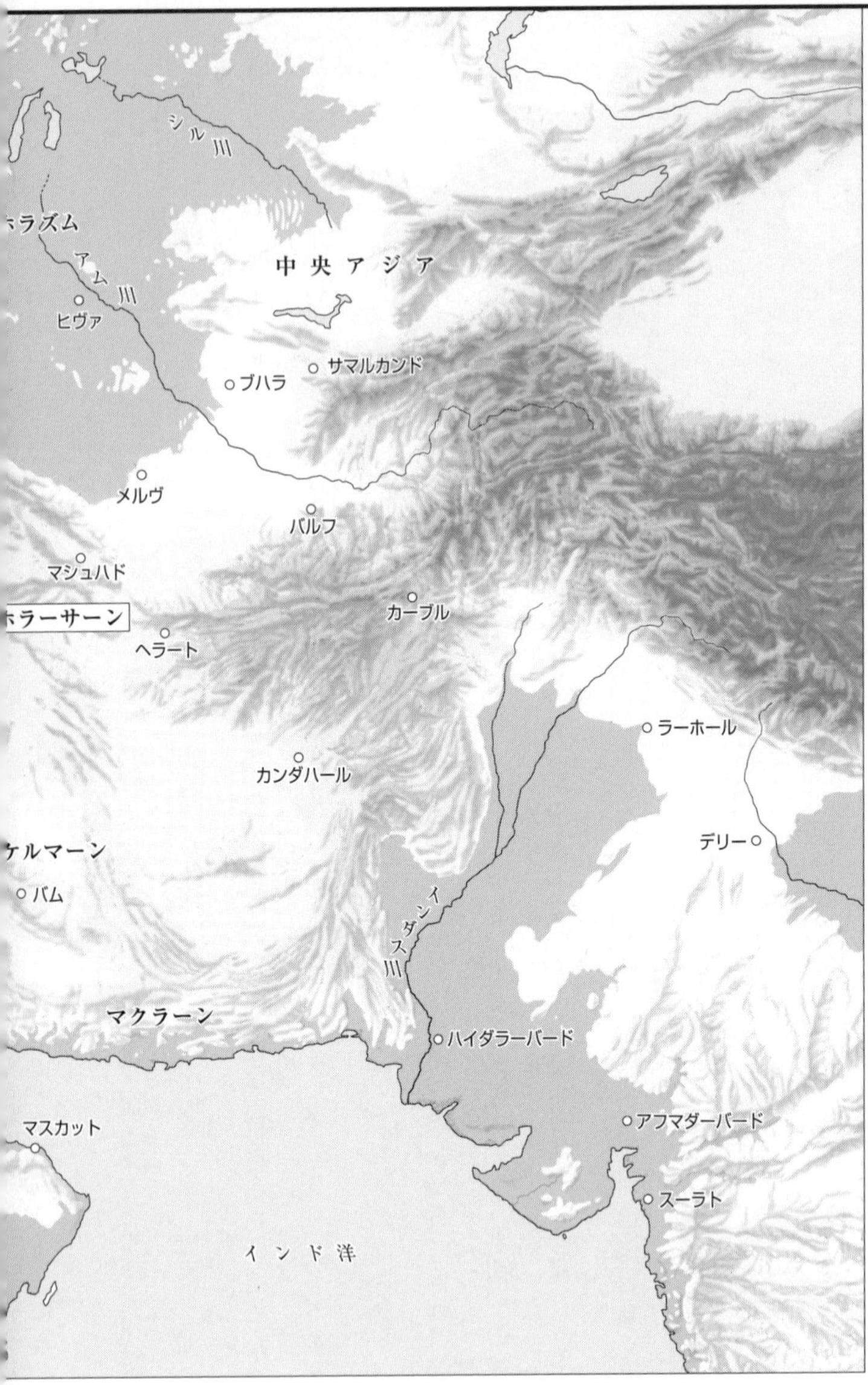
シル川
アム川
ヒヴァ
中央アジア
サマルカンド
ブハラ
メルヴ
バルフ
マシュハド
カーブル
ヘラート
ラーホール
カンダハール
デリー
バム
インダス川
マクラーン
ハイダラーバード
アフマダーバード
マスカット
スーラト
インド洋

●――イランとその周辺図

クリミア
黒海
イスタンブル
コーカサス（カフカス）山脈
ダゲスタン
グルジア
（ジョージア）
ダルバンド
トビリシ
ガンジャ
クラ川
カスピ海
アマスィヤ
トラブゾン
エルジンジャン
エルズルム
エレヴァン
バクー
チャルディラーン
アゼルバイジャン
ジョルファ
ヴァーン湖
ディヤルバクル
タブリーズ
アルダビール
アレッポ
モスル
ギーラーン
アルボルズ山脈
アスタラーバード
アシュラフ
ファラハーバード
キプロス島
ガズヴィーン
マーザーンダラーン
地中海
ユーフラテス川
ティグリス川
ダマスカス
ハマダーン
テヘラン
ゴム
イェルサレム
バグダード
カーシャーン
カイロ
カルバラー
ザグロス山脈
アジャム・イラク
イスファハーン
ナジャフ
ヤズド
ハヴィーゼ
バスラ
シーラーズ
ペルシア湾
ファールス
バンダレ
アッバース
ナイル川
バーレーン島
ホルムズ島
メディナ
紅海
メッカ
0
500km

ば独立政権を形成したが、同時に別の帝国の版図に組み込まれてきた時代も長かった。サファヴィー朝成立以前は、ホラーサーンは中央アジアとともにティムール朝▲の中核地域であったし、アゼルバイジャンはアナトリア地方とともに黒羊朝・白羊朝▲の中心拠点であった。

この三地方のすべてに接するのがアジャム・イラクである。アラブ・イラク（現在のイラク共和国）に対し、ザグロス山脈以東の非アラブ人（ペルシア語話者中心）の地域を指した。アッバースは同地方の中心都市イスファハーンに都を定め、東西と南北の交通の軸を整備してイラン高原の主要四地方（加えてカスピ海沿岸地方や南東部のケルマーンなど諸地域）を結んだのであった。サファヴィー朝はイラン高原を内地化し、イスファハーンにはすべての道がつうじた。

教団国家サファヴィー朝

アッバースの事跡を記録した『世界を飾るアッバースの歴史▲』は、その即位年にちなんで「地上における神の影（ゼッレ・エラーヒー）」と「勇敢なる戦士（バハードル・ハーン）」の二つの称号を伝える。前者は古代イランからのちに

▼ティムール朝　十四世紀にテュルク系武人のティムールが中央アジアからイランにかけて一代で築いた王朝。チャガタイ文学の隆盛やウルグ・ベクによる天文学上の成果でも知られる。十五世紀半ば、サマルカンド政権とヘラート政権に分裂するなどして弱体化した。

▼黒羊朝・白羊朝　十五世紀にアゼルバイジャン・東アナトリアを統治した遊牧政権。黒羊朝はジャハーン・シャー（一四六七没）の時代に、白羊朝はウズン・ハサン（一四七八没）の時代に最盛期をむかえた。サファヴィー朝初代のイスマーイール一世はウズン・ハサンの孫にあたる。

▼『世界を飾るアッバースの歴史』　アッバース一世の宮廷書記官（モンシー）を務めたエスカンダル・ベグが記した年代記。アッバースの治世における主要な事件が精緻な描写で記されている。エスカンダル・ベグはキジルバーシュの有力部族トルコマン部の出身。

イスラーム世界の指導者に伝えられてきた伝統的な呼び方であり、教団国家の絶対的指導者としての性格を示す。後者はモンゴル由来の遊牧国家軍を統べる最高指揮官への尊称と考えられる。このように、宗教教団にして遊牧政権の特徴をあわせもつサファヴィー朝は、どのようにして成立したのだろうか。

　サファヴィーは「サフィー家」を意味し、十三世紀に活動したシャイフ・サフィーとその子孫が指導した教団の名称であった。十六世紀半ばに教団はテュルク系遊牧民への布教をつうじて軍事化し、赤い芯棒(冠)にターバンを巻いた教団の武装信者たちは、キジルバーシュ(二一頁参照)と呼ばれるようになった。「神の化身・救世主(マフディー)」を自称して挙兵した教主イスマーイールは、一五〇一年に北西イランの中心都市タブリーズに入城してシャー(王)を名乗った。そして、それまで住民の多数を占めていたスンナ派を弾圧して、イラン高原をシーア派の牙城につくりかえていった。

　サファヴィー朝は、先行する遊牧諸王朝からモンゴル帝国由来の十進法、左翼・中軍・右翼といった軍制、統治技術の多くを引き継いだ。キジルバーシュ軍は、アナトリア方面の出自を示すシャームルー(シリア軍)、ルームルー(ロー

▼シャイフ・サフィー（一二五二／五三～一三三四）　サファヴィー教団の創設者。当時の著名なスーフィー（イスラーム神秘主義者）であるシャイフ・ザーヘドのもとで修行し、娘婿となってその教団を継いだ。さらに、息子を後継者としてサファヴィー教団の基礎をかためた。

▼マフディー　十二イマーム・シーア派では、「お隠れ」になった第十二代イマームがこの世の最後の日に降臨すると伝えられる。これをマフディーと呼ぶ。

▼イスマーイール一世（一四八七～一五二四）　サファヴィー朝の創始者（在位一五〇一～二四）。父ハイダルと兄アリーが殺害されたのち、カスピ海沿岸のギーラーン地方で密かに養育された。その後、白羊朝を滅ぼして一代で大帝国を築いた。ハターイーの筆名でテュルク語の詩も遺した。

マ軍)▲と呼ばれた新興集団、先行する白羊朝の中核部族(トルコマン)、モンゴル帝国以来の伝統をもつ集団(アフシャールやガージャール)などさまざまなテュルク系部族集団から成り立っており、部族長は地方統治を委ねられ、国政でも権勢をふるった。その一方で、東方最大の敵対勢力であった中央アジアのウズベク諸君候▲をチンギス家の頭領と呼び、トルコ＝モンゴルの支配イデオロギーからは距離をおいた。サファヴィー家は、系譜をねつ造してまでシーア派の初代イマーム・アリーの子孫であることにこだわった。武装信者たちは「シャーヒーセヴァン▲」として参集し、身も心も「救世主」に捧げた。宗教的熱情こそが、建国の原動力であった。

ただし、歴代の王たちは、王朝建国に多大な功のあったキジルバーシュ集団の制御に苦心することになる。王朝は遊牧軍事力の維持と、宗教的カリスマの継承の両面で大きなリスクをかかえていた。救世主を名乗り、この世の終わりが間近に迫っていると訴えて建国したものの、実際には「世界の終末」は訪れなかった。帝国の拡大は終わり、各地に分封された遊牧集団は内部抗争を繰り返したため、王朝はたびたび瓦解の危機をむかえた。

▼ローマ軍　アナトリアはイスラーム世界の地理書ではルーム(ローマ)の地と称される。そのため、アナトリア出身者はルーミー(ローマ出身者)と呼ばれ、キジルバーシュの一軍もその名をとった。

▼ウズベク諸君候　キプチャク・ハン国(ジョチ・ウルス)の系譜を引くウズベク勢力は十五世紀末に中央アジアに進出し、ティムール朝を滅ぼしてシャイバーニー朝を建国した。名祖シャイバーニーはイスマーイール一世との決戦で敗死したが、十六世紀をつうじて東方からサファヴィー朝をたびたび脅かし続けた。

▼シャーヒーセヴァン　「シャーを愛するもの」を意味する。王朝創設期には教団の信者としてシーア派に改宗し、かつ軍団員として武装蜂起に加わることを指して「シャーを愛するものとなった」との表現が用いられた。

②—帝国再建への道

混乱のなかでの即位

アッバースは、帝国第二代のシャー、タフマースプ一世▲の長男モハンマド・ホダーバンデ▲王子と、正妻ハイル・アル・ネサー・ベイゴム▲の第二子である。その誕生を夢に見た祖父タフマースプは、特別な絨毯やゆりかごを生誕地ヘラートまで送ったという。しかし、アッバースは文字通り王座から遠いところに生まれたのも事実であった。父モハンマドは視力が弱く、その弟のイスマーイール王子とハイダル王子がタフマースプの後継として有力であった。また、アッバースには五歳年長で同じ母親から生まれたハムゼ王子がいた。しかし、アッバースが三歳の時、父のモハンマドはファールス地方に国替えとなった。両親はハムゼ王子をファールスへ連れて行くことにこだわり、幼いアッバースがホラーサーン地方の親王として名目的な統治者にすえられたのであった。

ヘラートは「ホラーサーンの真珠」の異名をもち、ティムール朝後期に芸術の都として栄えた美しい都市であった。アルダビールを発祥の地とするサファ

▼タフマースプ一世（一五一四〜七六）　サファヴィー朝第二代シャー（在位一五二四〜七六）。最盛期のオスマン朝君主スレイマン一世とわたり合い、タブリーズからガズヴィーンへ首都を移転し、「イラン政権」化への端緒を開いた。また、コーカサス方面にたびたび遠征し、数万ともいわれる戦争捕虜をもたらすなど、アッバース一世の改革に道を拓いたといわれる。自ら絵筆を握って弟子を指導したことでも知られる。

▼モハンマド・ホダーバンデ（一五三二〜九五／九六）　サファヴィー朝第四代シャー（在位一五七八〜八七）。その治世は内憂外患に悩まされたが、イラン文化の復興期として近年注目されている。

▼ハイル・アル・ネサー・ベイゴム（一五七九没）　カスピ海沿岸のマーザンダラーン地方出身。夫にかわって事実上国政を指導し、軍事遠征でも大きな役割をはたした。しかし、キジルバーシュの反発をまねき、捕虜としていたクリミア王子との逢瀬を口実に殺害された。

ヴィー朝は北西イランからアナトリアに重心をおいていた。アッバースがティムール朝ゆかりの東部地方で成長したことは、その戦略的思考に自由を与え、移動と狩りをとくに好む性格にも影響を与えたことだろう。

一五七六年、五二年の長きにわたり帝国を統べてきたタフマースプが死去し、砦に幽閉されていたイスマーイール王子が即位した(イスマーイール二世)。翌年に息子が誕生すると、彼は男性王族を次々に処刑していった。アッバースのもとにもキジルバーシュ随一の名門シャームルー部のアリーゴリー▲が刺客として送られた。ところが、アリーゴリーはアッバースの乳兄弟にあたり、ラマダン(断食)月でもあったため、暗殺を先延ばしにしていた。ラマダン月が明けようとしたまさにその時、イスマーイール二世の急死を伝える使者が到着した。アッバースは暗殺寸前で命拾いしたのであった。幼いアッバースは身の危険を察知し、他人から与えられた食事は口にしなかったと伝えられる。まもなくアリーゴリーはヘラート総督の座におさまり、アッバースの師父(ララ)▲となった。

イスマーイール二世の死後、遠隔のファールスにいたため粛清を逃れたアッバースの父モハンマド・ホダーバンデが王座につく。しかし、王は政治への意

▼アリーゴリー・ハーン・シャームルー(一五八九没)　キジルバーシュの最大勢力であったシャームルー部の出身。祖父ドゥールミーシュ・ハーンも建国の功臣。妻のハーン・ベイゴムとともにアッバースの養育において中心的な役割をはたした。

▼師父(ララ)　遊牧政権では王子を部族長が育てる慣行があり、代父ともいうべき存在が師父である。師父はしばしば母方の祖父が任命され、王子は師父のもとで統治の作法や兵学を身につけた。ただし、各地に封ぜられた王子がたがいに争うことで、国家分裂の要因にもなった。

●サファヴィー家系図

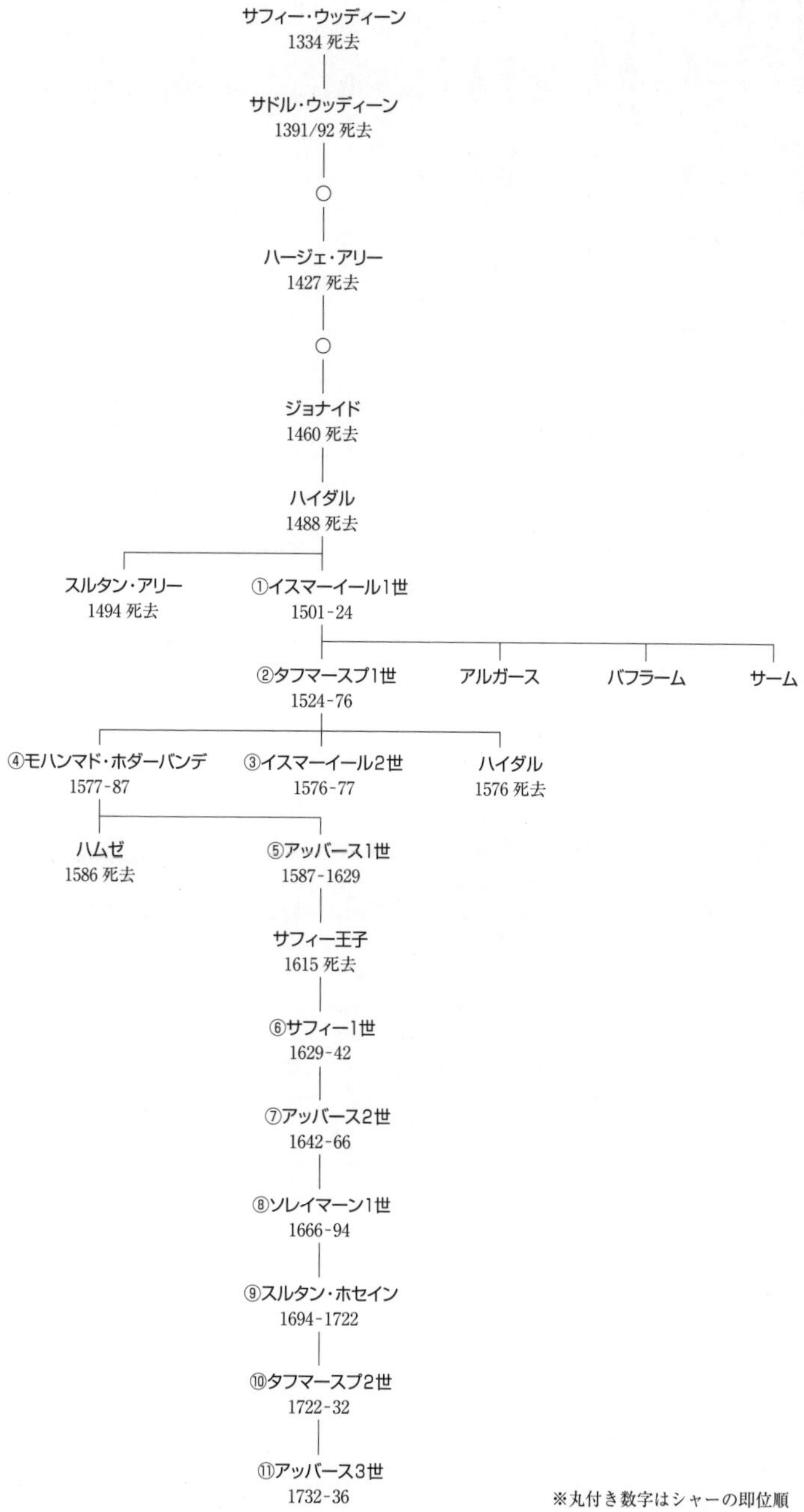
サフィー・ウッディーン
1334 死去
サドル・ウッディーン
1391/92 死去
○
ハージェ・アリー
1427 死去
○
ジョナイド
1460 死去
ハイダル
1488 死去
スルタン・アリー
1494 死去
①イスマーイール1世
1501-24
②タフマースプ1世
1524-76
アルガース
バフラーム
サーム
④モハンマド・ホダーバンデ
1577-87
③イスマーイール2世
1576-77
ハイダル
1576 死去
ハムゼ
1586 死去
⑤アッバース1世
1587-1629
サフィー王子
1615 死去
⑥サフィー1世
1629-42
⑦アッバース2世
1642-66
⑧ソレイマーン1世
1666-94
⑨スルタン・ホセイン
1694-1722
⑩タフマースプ2世
1722-32
⑪アッバース3世
1732-36

※丸付き数字はシャーの即位順

欲を欠き、キジルバーシュ部族の専横と内部抗争が激しさをましていった。これに対して、皇后ハイル・アル・ネサー・ベイゴムと宰相ミールザー・サルマーンが中央宮廷の権力強化を試みたが、軍事的指導権にまで手を出した結果、キジルバーシュ勢力によってあいついで殺害された。アッバースの兄ハムゼ王子も親衛隊を整備するなどして活躍したが、有力アミールとの確執のすえ、二〇歳の若さで一五八六年十二月に不慮の死をとげた。

この間、中央宮廷に不信の念をいだいたアリーゴリーは、ホラーサーン軍諸将とともに一五八一年にアッバースを擁立して反旗を翻した。少年のアッバース自らも出陣して戦場を経験した。当初は優勢であったホラーサーン軍は最終的に戦いに敗れたが、宮廷軍は内輪揉めのために撤退し、アッバースはまたも命拾いする。続いてホラーサーン軍内部の反目が表面化し、これに勝利したマシュハド総督モルシェドゴリー▲がアッバースの新しい師父となった。

こうしたあいつぐ内乱は外敵の侵攻を誘発し、一五八五年には建国の地タブリーズ▲がオスマン軍の手に落ちた。東方のウズベク勢力もホラーサーン攻略に向けて進軍を開始した。この時、モルシェドゴリーは外敵への抵抗ではなく、

▼モルシェドゴリー・ハーン・オスタージュルー（一五八九没）　シャームルー部と並ぶ名門であるオスタージュルー部の出身。マシュハド総督としてアリーゴリーらとともにアッバースを擁立した。アッバースの即位後は副王の座につくが、まもなく処刑された。

▼タブリーズ　北西イランの主邑であり、サファヴィー朝の最初の都。今日のイランでもアゼルバイジャン地方の中心都市であり、テュルク系言語を母語とする人々が多数を占める。

▼ガズヴィーン　オスマン軍の侵攻に苦しんだタフマースプ一世は、イラン高原のより内陸部に位置するこの街に都を移した。現首都テヘランの北西約一五〇キロに位置する。

ガズヴィーンの四〇柱宮殿

弱まった中央宮廷にねらいを定めた。八七年、アッバースを擁したホラーサーン軍は、抵抗を受けることなく都ガズヴィーン▲に入城をはたす。孤立無援となった父王から正式に王位をゆずり受け、まだ一〇代の青年王が誕生した。政争の道具として幾度となく身の危険に晒されてきたアッバースは、いわば偶然のかさなりによって王位についたのであった。

「中核地域」支配の回復

アッバースが即位した時、東西からの挟撃と長年にわたる内乱により、サファヴィー朝は瓦解寸前であった。一五八九年四月には、一年以上の包囲ののち、アッバースの生まれ育ったヘラートもウズベク勢力の手に落ちた。アッバースが慕っていたかつての師父アリーゴリー率いるサファヴィー軍は、生命の保証と引き換えに開城したものの、城外にでたところを皆殺しにされた。

若きシャーは、この絶体絶命の危機を奇貨として、集権化に果敢に取り組んだ。はじめに宮廷の実力者たちを兄ハムゼ王子暗殺の首謀者として処刑した。さらにアッバースが師父モルシェドゴリーを内心こころよく思っていないこと

▼**イスタンブルの和約**　サファヴィー朝はオスマン朝への貢納を約束したほか、タブリーズを含む北西イランとコーカサスの支配領域を割譲し、アッバースの甥である王子を人質として送った。

を察知した諸将が宮廷に武装して駆けつけると、逆に叱責してモルシェドゴリーに彼らの殺害を命じた。そのうえで、ヘラート救援を怠ったとしてモルシェドゴリーの暗殺をも側近に指示したのである。アジール（避難所）とされてきた厩舎に逃げ込んだモルシェドゴリーだが、シャーはタブーを破ることを厭わなかった。こうして内乱の元凶となっていた部族指導者たちを次々に排除したのである。しかし、東部戦線の劣勢は続き、一五九〇年には聖地マシュハドも陥落した。スンナ派のウズベク勢力はシーア派住民を虐殺し、また奴隷として連れ去った。祖父タフマースプの棺さえも持ち去られたのであった。

アゼルバイジャンとホラーサーンの支配権を失うという窮状のなか、アッバースは外交上の大きな決断をくだした。オスマン朝との和平である。一五九〇年三月に結ばれたイスタンブルの和約▲では、サファヴィー朝側は極めて不利な条件をのむことをよぎなくされた。しかし、アッバースは国内を立て直すための時間を得た。さらに教団発祥の地アルダビールもその手に残された。アッバースはほぼ毎年のように同地のサフィー廟を訪れており、現地情勢を注意深く観察した。この時にオスマン支配を受け入れた者は、のちにアッバースにより排除されることになる。機を見るに敏で外交につねに細心の注意をはらい、敵と味方をはっきりと分けて裏切り者にはその報いを受けさせる。アッバースの姿勢は治世の初期から後年まで一貫していた。

ついでアッバースは、アジャム・イラクとファールス、および南東に位置するケルマーン地方とヤズド地方▲の再統合に着手した。アッバースはこの新たな「中核地域」の秩序回復に傾注する。当時、ファールス地方の主邑シーラーズでは、地元部族の有力者であるヤークーブ・ハーンが反乱を起こしていた。アッバースはヤークーブに赦免と再任を約束し、油断させておびき寄せ、彼とその取り巻きをテントのなかに呼び入れ、一人ずつ殺害していった。崩壊間際の国家秩序を再建するために、青年王は手段を選ばなかった。

さらに、ケルマーンとその周辺地方を平定したさいには、タフマースプの姉妹の子でヤズドの実力者であったミール・ミーラーンから多額の資産を没収し、国制改革の原資を集めた。南西部の再統合に成功すると、北部のターレシュ地方、西部のロレスターン地方の統治者も排除した。なお、軍事戦略的に重要な辺境地域では、指導者を殺害しても近親から後継者を見出すか、あるいは遺児

▼ケルマーン地方とヤズド地方
両地方はイラン南東部に位置し、古くから手工業などで栄えていた。イスラーム化以降もゾロアスター教徒が残った地域としても知られる。また、ケルマーンはイランでは数少ない鉱物資源の豊富な地域であり、経済的に重要な地域であった。

を育ててのちに統治者へと引き上げている。アッバースの保守的ともいえる一面である。一方、やはり半独立の君主が支配していたカスピ海沿岸のギーラーン地方とマーザンダラーン地方▲については、絹生産などの経済的な重要性に鑑み、直轄支配にきりかえていった。▲ギーラーンはイランのなかでは例外的に雨量が多く、森林におおわれており、歩兵軍団が有名であった。アッバースは根強い抵抗に直面したが、武装を解除させ、別の地方への強制移住もおこなうなど、土着支配層の解体をはかった。この時期の記録には、自ら馬に乗って軍の先頭に立ち、猛烈なスピードで行軍をかさねる若きアッバースの描写が頻出する。早駆けによる電撃的な進軍は青年期から壮年期にかけてアッバース得意の戦法であった。彼は短期間のうちに、王朝に残された地域を中央宮廷の支配下におくことに成功したのである。

軍事改革

武は国家なり。自らが生き残り、教団が生き残り、国家が生き残るためには戦いに打ち勝たなくてはならない。幼い頃から幾度となく戦場を経験していた

▼ギーラーン地方とマーザンダラーン地方　カスピ海に面する両地方は、現在は稲作と茶の栽培が盛んであるが、この時代は絹の産地としても知られていた。

▼ギーラーン討伐に関する逸話

ギーラーンの君主はかつて逃亡時代のイスマーイール一世をかくまい、王家と代々婚姻関係を結ぶなど近しい関係にあった。しかし、アッバースは視察のおり、偶然にその叛意を察知した。それは、彼が重臣たちとオスマン朝との境界であるクラ川で川遊びをしていた時のことである。オスマン側はアッバースに気づかず、重臣のファルハード・ハーンを食事にまねいた。アッバースはファルハードの兄弟だといつわって同席し、食事後には「シャーに無断で川をわたったことがばれてはまずい」と自ら述べて帰還した。この時の一連のやりとりのなかでギーラーン君主のオスマン側との内通を把握したのであった。アッバースはこのような「お忍び」行動をしばしば好んだ。

アッバースはそのことをよく自覚していた。そして遊牧国家の伝統を引き継ぐサファヴィー朝では、優れた武人は国家を指導する立場につくことが前提とされていた。すなわち今風にいえばエリートでもあった。この時代、軍隊は国家そのものともいえた。部族指導者を大量に誅殺したアッバースは、新たに国家を支える直属軍と新エリートの育成に取り組んだ。

コルチ軍は、キジルバーシュの部族エリートから選抜された近衛軍である。タフマースプ期から存在したが、アッバースの時代に一万人をこえる規模にまで増員された。この時代以降、長官（コルチバーシー）職は軍官の最高位として位置づけられるようになる。長官は部族ごとに選抜された百人隊長（ユーズバーシー）を統轄した。遊牧勢力を弾圧したとされるアッバースであるが、部族的紐帯《ちゅうたい》を解体したわけではなかった。政治的発言力は削ぎながら、遊牧エリートの軍事・統治能力の維持・育成をはかったのである。治世六年目にあたるイスラーム暦一〇〇〇（西暦一五九一～九二）年には、全国規模で部族の調査を実施して軍の陣容を整えた。

アッバースの治世初期にコルチ軍と並ぶ直属エリート軍として新たに整備さ

▼コルチ　モンゴル語の「射手」に由来し、サファヴィー朝ではキジルバーシュ部族から選抜された王直属の部族エリート軍団を指した。また、王のかたわらにひかえる「鐙《あぶみ》のコルチ」「箙《えびら》のコルチ」などの官職名にも用いられた。

▼キジルバーシュ　字義通りには「赤い頭」を意味し、トルコ語でクズルバシュとも呼ばれる。サファヴィー朝の滅亡後も、アフシャール朝やガージャール朝を建設した。

十六世紀半ばのサファヴィー朝貴人

れたのが、ゴラーム▲（「王の奴隷」）軍である。おもにグルジア（ジョージア）、アルメニア、チェルケスなどコーカサス▲（カフカス）地方出身者から構成された。タフマースプ期の軍事遠征により、宮廷には多くのコーカサス系戦争捕虜がもたらされていた。また、現地豪族の娘を後宮にむかえることも多く、アマスィヤの和約以降はサファヴィー朝の勢力下に入った東グルジアなどから現地の豪族が流入するケースもみられた。アッバースの功績は、さまざまなかたちでシャーの宮廷に仕えていたコーカサス出身者を「王の奴隷」の名のもとに武人として組織し、国家制度のなかに正式に位置づけたことにある（奴隷軍人▲）。弓と刀で武装したコルチと異なり、新式軍隊らしく、ゴラームは銃を手にして「馬上のイェニチェリ」とも呼ばれた。ゴラーム軍団はいわば新式エリート軍隊であり、コルチ軍の母体である遊牧勢力を牽制する役目も担った。アッバースはさまざまな勢力を拮抗させようと細心の注意をはらった。

　おもにイラン系住民から成る銃兵軍▲の創設も、アッバースの軍事改革の大きな目玉であった。サファヴィー朝創建の時期から火器▲は用いられていたが、遊牧国家において軍事的役割から遠ざけられてきたイラン系住民を武装させたの

▼ゴラーム　グラームとも記す。もともとは若者や小姓を指したが、転じて王に隷属する奴隷集団を示すようになった。ただし、サファヴィー朝のゴラームはオスマン朝のカプクル（御門の奴隷）同様、イスラーム法にもとづく奴隷身分出身では必ずしもなかったと考えられる（「奴隷軍人」の注参照）。

▼コーカサス（カフカス）　カスピ海と黒海の間に横たわる地峡で、大コーカサス山脈の山裾に南北に広がる。歴史的に巨大政体の直接支配を受けたことがほとんどなく、多言語・多民族・多宗教の複雑な重層構造をもつ地域空間が形成されてきた。諸民族については五一頁を参照。

▼奴隷軍人　イスラーム世界の統治システムは前近代におけるアフロ＝ユーラシア文明の一つの頂点をなした。その特徴は、分権とアウトソーシングである。イスラーム法は、啓示法源にもとづく法体系を整備するなかで、政治と宗教を分離し、武をつかさどる人間集団を外部から呼び込み、あるいは侵入者を時間をかけてイスラームの枠組みのなかで受

はアッバースの慧眼である。彼らは歩兵であり、コルチとゴラームが百人隊長に率いられたのに対し、千人隊長が指揮官となり、銃兵軍長官が全体を統轄した。主要な軍事作戦に参加するとともに、占領した要塞の防御においても重要な役割をはたした。火砲の威力が圧倒的にましていった近世の軍事変化に対応した政策であり、イラン系住民の王朝への忠誠心を獲得することにもつながったであろう。ただし、コルチとゴラームは騎兵であり、封土をもち、全国各地の王領地の代官や地方総督として赴任するいわばキャリア官僚であったのに対し、銃兵軍出身者は中央宮廷で政治キャリアを積むことは少なかった。すなわち、この点でもアッバースは、遊牧民とこれを牽制する奴隷軍に軍事の枢要を委ねるという、伝統的なイスラーム国家の軍制を踏襲した。なお、大砲の鋳造と実戦での使用に責任をもつ大砲軍長官職もこの時期からみられる。アッバースは伝統的な部族軍をてこ入れし、「王の奴隷」から成る新たな軍団を組織し、さらに定住民から歩兵を徴募して軍事増強をはかったのであった。

け入れていった。支配機構の担い手として、多くは「奴隷」という身分／形式で「異人」が登用されていった。

▼**銃兵軍**　さまざまな地方で組織されたようだが、イスファハーン、タブリーズ、バーファグ(ヤズド地方)、ヌール(マーザンダラーン地方)、チャガターイー(ホラーサーン地方)出身の銃兵軍団の活躍がめだった。

▼**火器**　ペルシア語史書は、挙兵したイスマーイール(一世)が白羊朝にいどんだ戦いにおいて、「イランではじめて銃声が響いた」と記す。サファヴィー朝の建国が決定的となった一戦でのはじめての火器の使用は、時代の変化を伝えていて象徴的である。

ハーッセ改革

直属軍の規模が拡大すれば、当然かかる経費の総額も大きくなる。帝国に残されたイラン高原を中心とする「中核地域」に秩序を打ち立てたアッバースは、この地域を王領地とした。これを「ハーッセ」政策という。ハーッセ地にはダールーゲと呼ばれる代官が派遣されたが、多くの場合にコルチやゴラームがこの任にあたった。それ以外のおもに国境地域は、ベイグラルベイギーやハーケムと呼ばれる総督・知事の手に委ねられた。彼らは軍事指揮権をもち、兵を養うための大規模な封土も与えられた。こうした地域をママーレク地と呼ぶ。アッバースはシャーのみに仕える人材の供給源を整備し、彼らの食い扶持《ぶち》を確保するために家産を拡大することで国家を掌握しようとした。王領地が拡大したことで、宮廷の宰相(大宰相)の機能も格段に高まった。各地にはヴァズィールと呼ばれる財務官が派遣され、ハーッセ地では知事職を担うこともあった。中央宮廷のいっさいを差配して国家財源を管理し、地方行政官の任免権をもつ大宰相は、この時期以降、事実上王につぐ権力者となった。

当然のことながら、こうした大胆な改革を若きシャーが一人でおこなったわ

▼ハーッセ　「公」に対する「私」を示す用語であり、貴人の「私」は社会的にも特別な存在となる。アッバース期以降、コルチやゴラーム、あるいは土地も「高貴なお方の私物(ハーッセイェ・シャリーフェ)」と形容された。すなわち王立軍、王領地など「シャーの所有物」と呼ばれるようになった。

▼ダールーゲ　モンゴル帝国の統治職を示すタルガに由来する。中央政府直轄のハーッセ地の統治行政における最高責任者。おもに武官が任じられ、治安維持にも責任をもった。

▼大宰相　中央宮廷の行政を統べる宰相職は、アッバース期以降、宮廷権力の拡大によりエッテマード・アル・ドウレ(王権の柱石)のラカブがあてられ、オスマン朝同様に大宰相(ヴァズィーレ・アッザム)とも呼ばれた。

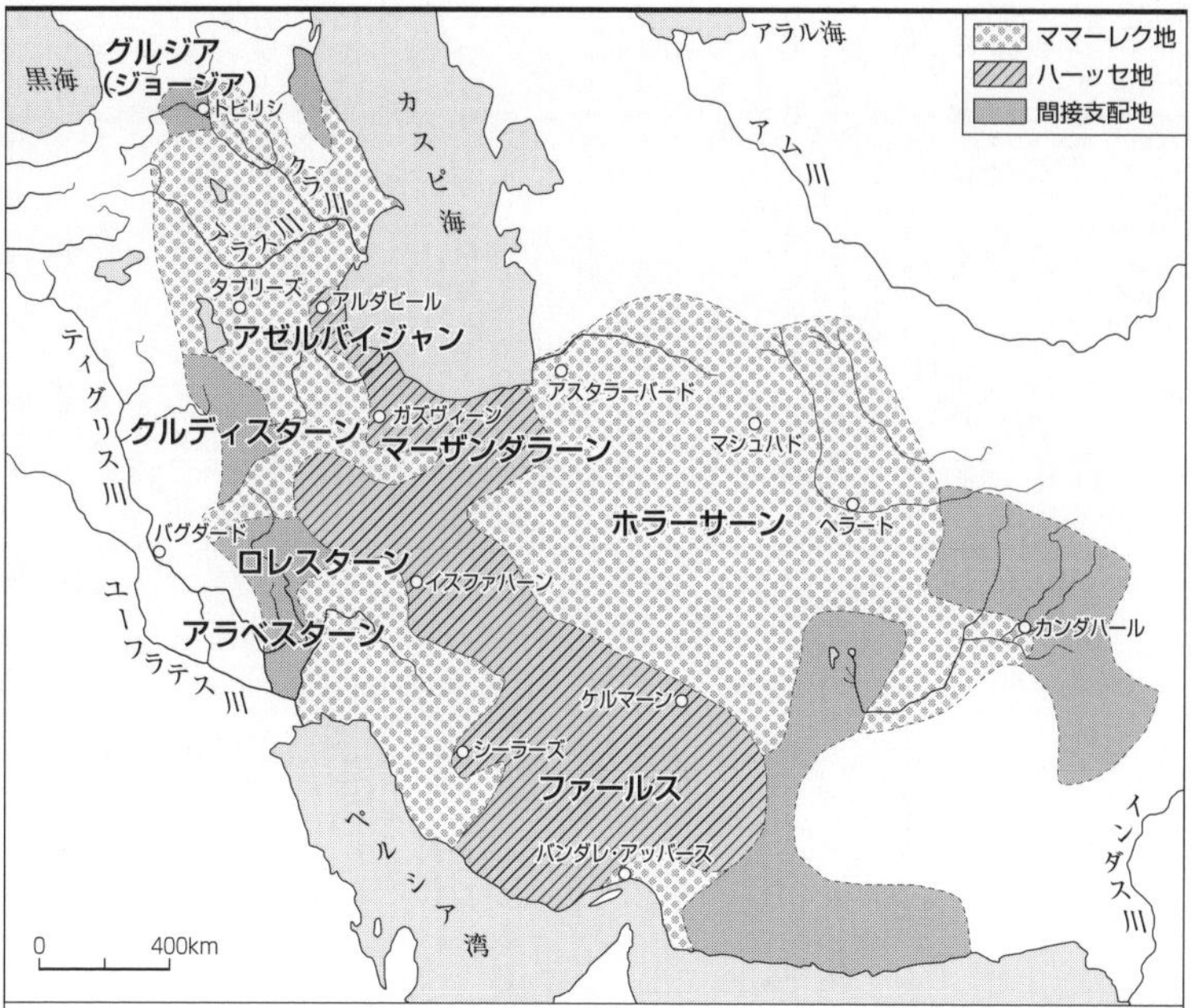

●サファヴィー朝の支配領域（一六六〇年頃）

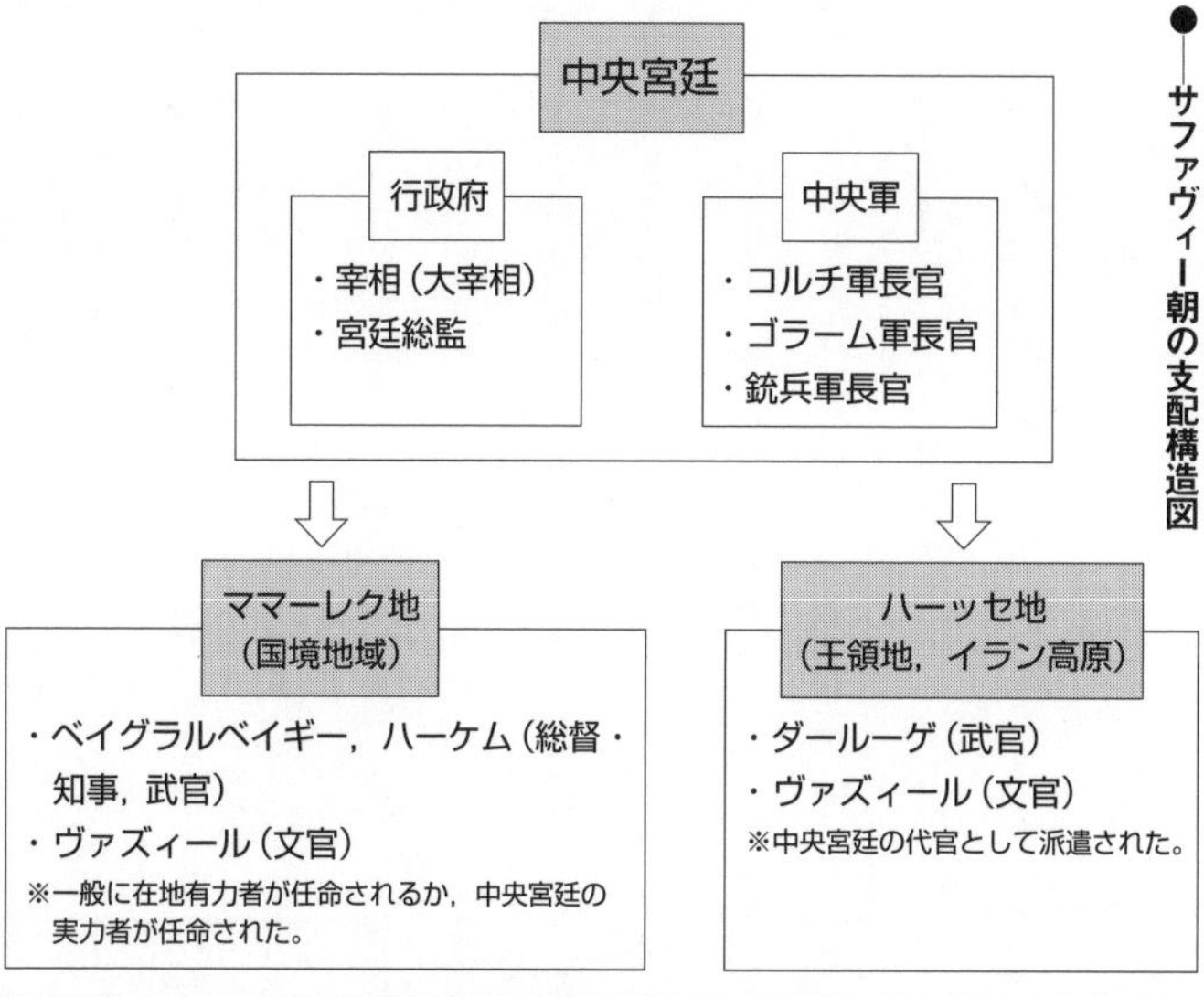

●サファヴィー朝の支配構造図

けではない。改革初期には、ファルハード・ハーン、アッラーヴェルディー・ハーン、ハーテム・ベグの三者が大きな働きをみせた。ともに王朝創設以来の有力家系ではなく、アッバースの抜擢により国家の指導的な地位を与えられた。キジルバーシュを代表するヴァキール(「代理」の意味で、副王または摂政)職を与えられたファルハードは、中央宮廷の権威確立が必要な地域に前もって派遣され、露払い役をはたした。アッラーヴェルディーはモルシェドゴリー暗殺に直接参加してから、事実上初代のゴラーム軍長官に就任し、のちにはファールス総督として王朝の南方支配拡大に大きく貢献した。シャー直属のゴラーム軍が遠く離れたファールスに展開していたのも、全面的に信頼するアッラーヴェルディーが率いていたためである。ハーテム・ベグも二〇年以上にわたって宮廷の宰相職を務め、支配領域の再編と集権化に大きな役割をはたした。

　キジルバーシュ、ゴラーム、イラン系(当時の用語ではタージーク)官僚はそれぞれ有能な指導者を得て、アッバースの改革を支えた。このほか、クルド系ジーク族のガンジュアリー・ハーン、アルメニア系のガルチャガーイ・ハーン(八七頁参照)などがアッバース期に名を残した有力者である。若きシャーは新

▼ファルハード・ハーン・ガラーマーンルー(一五九八没)　小規模なキジルバーシュ部族の出身。アッバースは師父モルシェドゴリーを殺害したのち、彼が務めていたヴァキールの職をファルハードに与えた。弟のゾルファガールもアルダビール総督としてオスマン朝との交渉の最前線に立ち、兄弟でアッバースの改革を支えた。

▼アッラーヴェルディー・ハーン(一六一三没)　グルジア(ジョージア)系で、ファルハード同様、ハムゼ王子の近臣であった。アッバースの即位時にはすでに宮廷の金細工師長官の任にあり、新通貨アッバーシー鋳造の責任者を務めた。グルジア語史料からウンディラゼという豪族出身と考えられる。ゴラーム軍団を率いて中核地域統合作戦で大きな戦功を次々にあげたのち、一五九五年にはファールスの統治権を委ねられた。以降、南方支配領域は彼とその配下のゴラーム軍によって、シャーのお墨つきを得て「切り取り次第」に拡大していった。アッバースは年長の彼を「父」と呼び、スペイン大使には「イランのすべては余に従い、

しい人材を引き上げて、要職を委ねた。宮廷軍の再編は王の手足となって働くエリートの拡充策であり、ハーッセ政策は担い手の生活と仕事を保証し、中央宮廷の財源を確保した。アッバース期に抜擢された新エリートの子孫たちはその出自を問わず、名門家系として王朝末期までサファヴィー朝の枢要ポストを独占し続けた。

新王都の造営

アッバースは宮廷の富と力を拡大するために、帝国のさらなる空間的な再構築をはかった。その象徴であり、帝国権力のショーウインドーとして選ばれたのが古邑イスファハーンである。古代以来の歴史ある都市であり、セルジューク朝時代（十一世紀）に整備された古い街並みが保たれていた。また、タフマースプ以来、王家の直轄領として都市の貴顕は王室と強い結びつきを有していた。

この頃、暦のうえでもイスラーム世界は新たな千年期（ミレニアム）をむかえようとしていた。イスラーム暦一〇〇〇年▲一月末（西暦一五九一年十一月）にイスファハーンへと入ったアッバースは一五日間滞在し、新千年期にふさわしい

余はアッラーヴェルディー・ハーンに従う」と語ったと伝えられる。

▼ハーテム・ベグ・オルドーバーディー（一六一〇没）　十二世紀の高名な神学者トゥースィーの子孫という由緒あるイラン系官僚。アッバースが処刑したケルマーン総督ベクターシュ・ハーン・アフシャールの宰相を務めていたが、ファルハードの推薦を得て、一五九一年の新年の日にアッバースが中央宮廷の宰相に抜擢した。その後、約二〇年にわたって宮廷権力強化や行政機構改編に辣腕をふるった。息子のミールザー・ターレブ・ハーンものちに大宰相を務めている。

▼ガンジュアリー・ハーン（一六二五没）　クルド系ジーク族の出身。長年にわたってケルマーン総督職を務め、西南方面ににらみをきかせた。一六二二年、カンダハール総督に転じて同地で没した。

▼イスラーム暦一〇〇〇年　イスラーム暦は預言者ムハンマドがメッカを離れた日(ヒジュラ)を暦の最初の日とする。イスラーム暦一〇〇〇年は西暦一五九一年から九二年にあたった。

▼イスファハーンの再開発　一五九〇年代初めの第一期工事のなか、アッバースは旧市街の再開発も進めようとした。ところが、おそらくバーザール商人と結びついた有力な宗教者二人の反対にあったことから、世界広場に商業的な機能をもたせることを決意したとされる。

▼光の祝祭　イランでは、ゾロアスター教が信じられていた古代以来、火は神聖なものであった。サファヴィー朝の時代には、かがり火で宮殿や街の中心部をこうこうと照らして、戦勝などの祝祭が大々的におこなわれた。ペルシア語ではチェラーガーンと呼ばれる。屋上をともす屋根のチェラーガーンや、カスピ海岸での水辺のチェラーガーンもアッバース期に大々的におこなわれた。

王都の創出を本格化させる。新たな都市の象徴として「王の広場」(現イマーム広場、ただし、当時の呼び名は「世界の姿」広場であった。以下、本書では「世界広場」と記す)の建設を開始したのである。無類の建築狂いであるアッバースは、旧市街を再開発するのではなく、その西南部に広場を整備して、周囲に新たな政府中枢を集中させた。▲さらに、広場を起点にした南方に緑あふれる庭園中心の新街区の建設を始めた。国づくりに燃えるアッバースに王朝の中心都市として選ばれたことで、住民も熱狂した。翌々年にふたたびイスファハーンを訪れたシャーを市民は総出でむかえ、華やかな光の祝祭▲がくりひろげられた。アッバースは世界広場に面する至高の門楼(アーリー・ガープー)の屋上に座って灯りに輝く街の夜景を楽しんだ。一五九六〜九七年には新市街の中核であるチャハール・バーグ(四分庭園とこれを貫く大通り)が建設されるなど、街は着々と整備されていった。九八年二月下旬、王令により近習がガズヴィーンからイスファハーンへ移動して、この地を王権の所在地すなわち事実上の首都に定めた。

新首都の整備により、アッバースは即位後の極めて早い段階でその名を不朽のものとする「舞台」を手に入れたといえる。彼はサファヴィー朝のいわば中

イスファハーンの世界広場

▼**道中の安全**　担当の役人であるラーフダール任命に関する記事はアッバースの治世三年目に登場する。アッバース期以降、サファヴィー朝領域内における道中の安全はヨーロッパ人の間で大きな評判となった。

心俳優であり、しかもパフォーマンスに長《た》けた名優であった。さらに、劇を仕上げる監督と、舞台そのものを整備する優れたプロデューサーの役割すらこなしたのである。イスファハーンの繁栄ぶりについては第四章で詳しくふれよう。

新首都の造営事業は全国的な交通網の構築と並行していた。一五九〇年代、カスピ海沿岸地方を直轄支配に組み込んださいには、荷物を両脇に下げたラクダがすれ違うことのできる幅の街道がつくられた。隊商宿（キャラヴァンサライ）も各地に建設され、早い段階から道中の安全▲を守る役人も任命された。遠征の途上でも適当な場所を見つけると、村を興し、水路を整えるなど、アッバースはつねに殖産に励んだ。ヨーロッパやインド洋につうじる南方ルートのほか、ロシア経由の北方ルートやオスマン領経由の西方ルートも次々と整備し、はるばるヨーロッパからも旅行者や外交使節が往来した。国をつくると同時に、アッバースはまさに国を開いたのであった。

ミレニアム・キングへの道

このように、アッバースは国家機構を整え、国土の一体性の涵養に努めた。

▼サフィー王子（一五八七〜一六一五）　アッバースの長子で本名はモハンマド・バーゲル。チェルケス人を母とした。本文でもふれるようにのちに父によって処刑された。

加えて、アッバースが取り組んだのは王権のカリスマ性の強化であった。王権にふたたび魂を吹き込む作業に取り組んだのである。

話をいったん即位当初に戻そう。アッバースが王位についたとき、彼はまだ一〇代であり、父や弟たちも健在であった。即位後まもなく、熱狂的なサファヴィー教団の信者たちが父王の復位を要求するという事件が起こった。シャーは「金曜の夜でもイマームの誕生日でもない。なんの騒ぎだ」と直接信者たちを尋問した。そしてリーダー格の人物を呼び出すと、即時に捕縛して自ら剣一撃で処刑した。父王は窓から外のようすをながめるだけであった。この事件の少しのち、アッバースは弟たちの視力を奪って父とともに砦に幽閉した。

また、即位後まもなく長子のサフィー王子▲が誕生したが、後継者を地方に送って有力部族長に養育させるという、遊牧王権に伝統的な王子の育成法をアッバースは早い段階で取りやめた。この変更はサファヴィー朝の国制を大きく変えたが、これもシャーへ権力を集中しようとするアッバースの意志をあらわしていた。

即位三年目のマシュハド救援の途上、アッバースは病に倒れて四三日間床に伏せた。この時アッバースは顎髭を剃ったが、臣下も皆これに倣《なら》った。以降、彼が顎髭を伸ばすことはなく、特徴的な口髭はトレードマークとなり（三二頁参照）、イランを訪れたヨーロッパ人旅行者が真似をするほどになった。若きシャーは地上における唯一無比の権力者として映る姿を自覚し、特徴的な外見を整えて自らのスタイルを確立した。また、骨折したさいには数十日にわたって痛み止めにアヘンを常用したが、治癒するとこれをきっぱりとやめた。そして、自分だけではなく、臣下にもアヘン断念を強要した。

若きシャーはしだいにカリスマ的な力を自在にあやつるようになる。恰好の標的となったのがシーア派の原理教団ノクタヴィー▲である。アッバースは自ら教団に近づいたうえで、凶兆を示す星合わせを避けるために、一五九三年に一時的に退位した。そして、教団員をシャーに仕立てあげて盛大な即位式をおこない、贅をつくさせたうえで、三日後に復位して身代わりとして処刑した。厄払いと教団の殲滅を同時にはかったこの退位と復位劇により、アッバースはサファヴィー王権の生まれ変わった姿を内外にアピールした。この時、アッバースはまだ二三歳であった。

▼ノクタヴィー教団　禁欲と合一、輪廻思想やイランの栄光復活などを標榜した。この新興教団の信者は五万人にものぼったという。

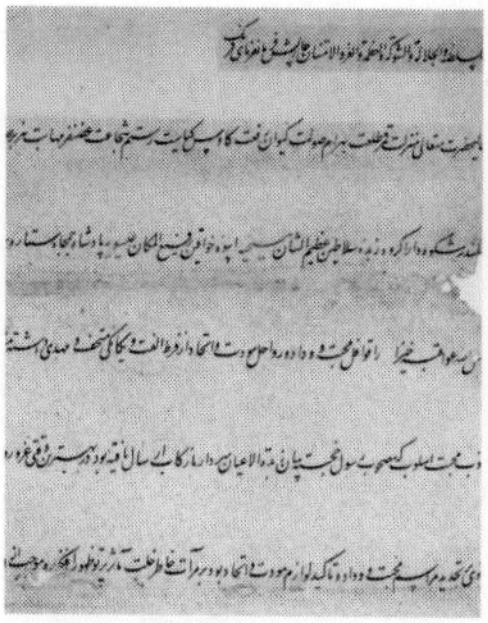

アッバース一世からイングランド王チャールズ一世への書簡

●―アッバース一世の肖像

アッバースのシンボルは口髭であり、存命中に描かれた小姓と戯れる姿の肖像画（右上、一六二七年）のほか、没後約二〇年を経てイスファハーンに新たに建設された四〇柱宮殿の壁画（下、一六四七年頃）、十七世紀末にインドで描かれた絵（左上）でも口髭が強調されている。なお、カバー表の肖像画はムガル朝の使節団が遺したもので、当時のアッバースの姿を忠実に描写している可能性が高い。

国家統合の仕事に明け暮れながら、アッバースは外交も活発化させていった。ロシアやヨーロッパ諸国からも次々に使節が到来した。アッバースに仕えたイギリス人カトリック教徒の冒険貴族シャーリー兄弟（五七頁参照）は、とりわけ有名である。また、アッバースがヨーロッパに派遣した外交使節団員ウルグ・ベグはマドリードでカトリックに改宗して現地にとどまり、本を出版してイラン事情を現地に伝えた。若きシャーが打ち出す果断な政策の数々は、国際的な評判を呼ぶようになっていった。一五九六～九七年にはロシア帝国から二頭の熊が贈り物として届いたが、一頭は水にもぐり、一頭は森で活動したと記録されている。「珍獣」の贈呈は外交活発化の一エピソードである。サファヴィー朝も努力を怠らなかった。あるペルシア語史書は、同年、アッバースがオスマン使節の面前で、クルド系ジーク族に命じて百頭の動物を生きたまま食べさせたと記す。現代の判断基準から考えると悍《おぞ》ましいパフォーマンスであるが、混沌とした国づくり途上のアッバースの宮廷の熱情を伝えているともいえよう。新たに活性化した国際関係のなかで情報収集に励みながら、アッバースは虎視眈々と失地回復の機会をねらっていた。

▼ウルグ・ベグ・バヤート（一六〇四没）　キジルバーシュのバヤート部出身。一五九九年に遣欧使節団に加わったが、ヨーロッパで使節団を離脱し、カトリックに改宗して現地にとどまった。のちにドン・ファンの改宗名でイラン事情について出版をおこなった。改革初期のアッバースの姿について伝えている。著名な東洋学者ル・ストレンジによる英訳も知られる。

▼ロシア帝国　イヴァン四世（在位一五四七～八四）期に東南方にも拡大を始め、十六世紀中にシベリアまで到達し、汎ユーラシア国家の性格を強めた。一六一三年にロマノフ朝が成立し、第一次世界大戦中の一九一七年まで続いた。

サファヴィー朝に派遣されたロシア大使

▼**アブドゥッラー・ハーン二世**（一五三三／三四〜九八）　シャイバーニー（シバニ）朝君主（在位一五八三〜九八）。アッバースの治世初期、シャイバーニー朝はホラーサーン地方を平定して絶頂期をむかえた。しかし、のちに息子に殺害され、まもなく王朝は断絶した。

③—進撃と大建設の時代

ウズベク勢力の撃破

アッバースは一五九七年から九八年にかけて即位一〇年目をむかえ、「内地」統合の仕上げに明け暮れていた。九七年秋には一晩で二五ファルサフ（約一五〇キロ）を駆けて、オスマン朝領域に接するロレスターンの支配者を急襲し、最終的にこれをとらえた。この時、アッバースに同行できた近臣はわずか数十騎であったという。さらに現地の有力者を招いて盛大な祝宴を催したのちに彼らも排除して、ロレスターンを分割した。世襲君侯家系の忠実な人物に半分を与え、残りはキジルバーシュの支配地とした。翌九八年冬には、母方の父祖の地でもあるカスピ海沿岸のマーザンダラーン地方の完全制圧に成功した。首都もイスファハーンへ移し、国内の体制固めが一段落したところで届いたのが、ウズベク勢力を統べるアブドゥッラー・ハーン二世▲殺害の報であった。

好機到来とばかり、アッバースは即座にホラーサーンに軍を進めた。得意の早駆けで一〇日の道のりを四日で走破したという。ファールス総督のアッラーヴェルディーにも至急合流するよう早馬を送った。その後、軍をかためるアッバースに朗報が飛び込んでくる。アブドゥッラーの跡を継いだ息子のアブドゥルムウミンが内紛で殺害され、ウズベク軍はマシュハドから戦わずして撤退した。また同じ頃、ヨーロッパ戦線におけるオスマン朝の劣勢も伝えられ、西方の脅威が一時的にやわらいだ。七月末にマシュハドに入ったアッバースは、金曜礼拝を十二イマームの名前でおこない、聖地奪還を内外に示した。続いてアッバースはヘラート解放に向けて軍を進めるが、アッラーヴェルディー率いるファールス軍も、二頭の馬をもつエリート兵のみで水の乏しい道を進み、八月はじめに合流をはたした。そして、八月八日朝、二万四〇〇〇のウズベク軍と決戦をおこない、これに勝利した。文字通り苦節一〇年を経て、アッバースはいよいよ東方領域を奪還したのである。

決戦のおよそ三週間後、アッバースは戦場での不手際を理由にファルハードの処刑をアッラーヴェルディーに命じた。槍先に掲げられた首は、宮殿の入り口に晒された。これ以降、王の代理たるヴァキール職は帝国の歴史から姿を消し、キジルバーシュ部族の大立者《おおだてもの》による政治も名実ともに終わりを告げた。もっともヘラート総督職はかつての師父アリーゴリーと同族の名門シャームルー部のホセイン・ハーンに委ねた。目の上のこぶとなりかねないキジルバーシュの有力者は排除したが、伝統と格式には配慮した。アッバースは独裁体制を固めつつ、大勝利のなかでもバランス感覚を発揮したのである。

　ついでアッバースは北上を開始し、ホラーサーン北辺の要衝アスタラーバード▲制圧に向かった。王者に呪いがかかるとされた道をあえて進み、大規模な巻き狩りを催して自ら数十頭の獲物を仕留めて士気をあげた。この時も行軍の間に森を切り開いて広い道を建設している。また、諸城を焼きはらったうえで、中心都市には宮殿建設のための敷地を購入した。イスファハーンに戻ると、首都に対する一年の税免除を含む戦勝記念の大減税を発表した。商業振興を視野にいれていたのであろう。アッバースはたくみな人心掌握術を駆使して国を上げ潮に乗せていった。

　アッバースは翌一五九九年秋から一六〇〇年夏にかけてもホラーサーンに兵を進め、メルヴを攻略してホラズム地方▲に進出した。そして、〇一年秋、ホラーサーン完全制圧の証としてイスファハーンからマシュハドまで徒歩での参詣

▼**アスタラーバード**　現在の名称はゴルガーン。カスピ海東岸地域と中央アジアを結ぶ要衝である。

▼**ホラズム地方**　中央アジア西部の地方。現在のトルクメニスタンとウズベキスタンにまたがる領域で、古来よりオアシス都市が栄えた。

イスファハーンからマシュハドへの巡礼路

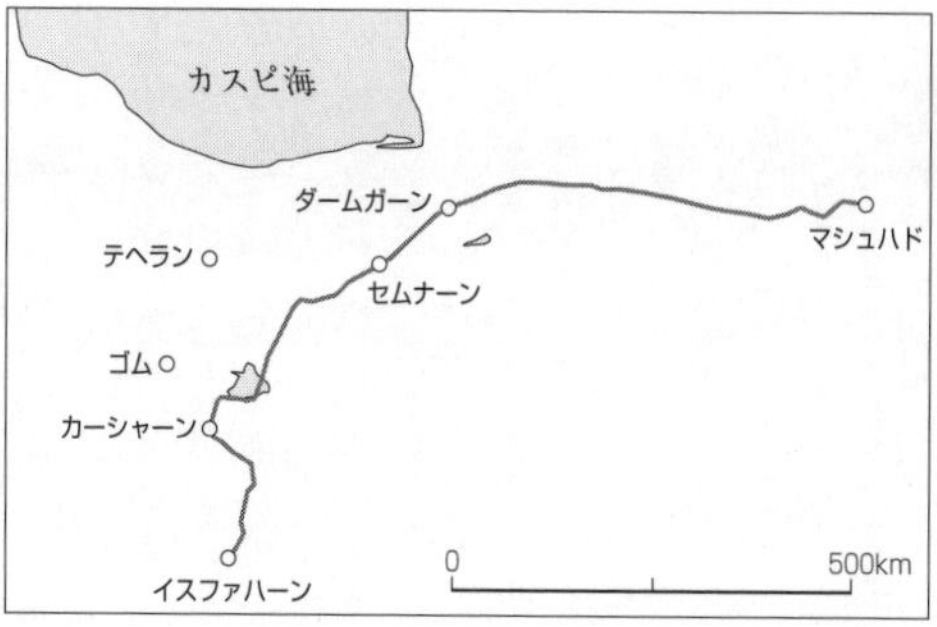

▼バーレーン島　ペルシア湾に浮かぶ群島。現在もシーア派住民が多数を占めている。

をおこなった。国威発揚と国内聖地振興のこの大規模なパフォーマンスは、走破距離と日程が約一〇〇〇キロ、全六六日間におよび、約二〇〇年後にガージャール朝の開祖アーガー・モハンマド・ハーンが同様の巡礼をおこなうなど、「イラン・シーアの王」を象徴するものとして後世まで記憶された。

この時も、アッバースは道中の道のりをすべて測定させ、井戸を掘り、農地開発のためにインド人奴隷の購入を指示するなど、地方視察と産業振興も同時におこなった。一六〇二年にはヘラートから中央アジアの主要都市の一つバルフまで進軍したが、短期間で撤退した。これをもって一連の東方戦役は事実上終了する。〇三年には世界広場に隊商宿、ハンマーム(公衆浴場)やコーヒー・ショップなども備わり、首都は着々とその偉容を整えつつあった(六二頁年表参照)。同じ頃、ファールス総督兼ゴラーム軍長官のアッラーヴェルディーも南方平定を着々と進めていた。一六〇一年にペルシア湾岸の要衝ラール地方の土着君侯国を攻略し、同年末には▲バーレーン島を征服して、海の通商路を確保した。

対オスマン電撃作戦——五年戦争へ

対外政策は対内政策の延長である。アッバースは国内の集権化を進め、王権の政治的・宗教的権威を取り戻し、東方の再征服に成功してその守りをかため、南方の海への玄関口も確保した。シーア派国家の威厳を知らしめ、新たな首都の整備も順調に進んでいた。しかし、王朝創建の地である広大な西北地方は依然としてオスマン朝の手中にあった。敵失に乗じて快勝したウズベク戦とは異なり、オスマン朝は初代シャー以来の最大の難敵であった。一三年前、屈辱の和約締結をなかば強制されたアッバースには期するものがあったに違いない。

東方戦役も一息ついた一六〇三年六月末、サファヴィー側に残っていた西北領を統べるアルダビール総督ゾルファガールからアッバースのもとに報告が届いた。対イラン戦線で活躍してきたクリミア・ハン国▲が、スルタンの命によりハンガリーに遠征したが敗北を喫し、さらにオスマン国内で反乱が発生して、シリア方面が混乱しているという。報告後、アッバースはイスファハーンの水不足を解消するべく、近隣の大河クーフラング▲の水を引くために雪の残る山岳地域へ一〇日間の現地視察に赴いた。王朝の命運をかける戦いを前にして、一

▼クリミア・ハン国　ジョチ・ウルスの後裔国家の一つ。黒海東岸からコーカサス北東地方にかけて独自の勢力圏を築き、クリミア半島を中心に奴隷交易などで繁栄した。オスマン軍の前衛を担って北コーカサスやアナトリアから北西イランをたびたび脅かした。十八世紀後半にロシアに併合された。

▼クーフラング川　イラン最大の川でペルシア湾に流れ込むカールーン川の源流の一つ。アッバースは、この川とザーヤンデ川の上流部を結んでイスファハーンへの用水の確保をめざした。二十世紀にようやく技術的に可能になったが、ルートはアッバースの計画とほぼ一致した。

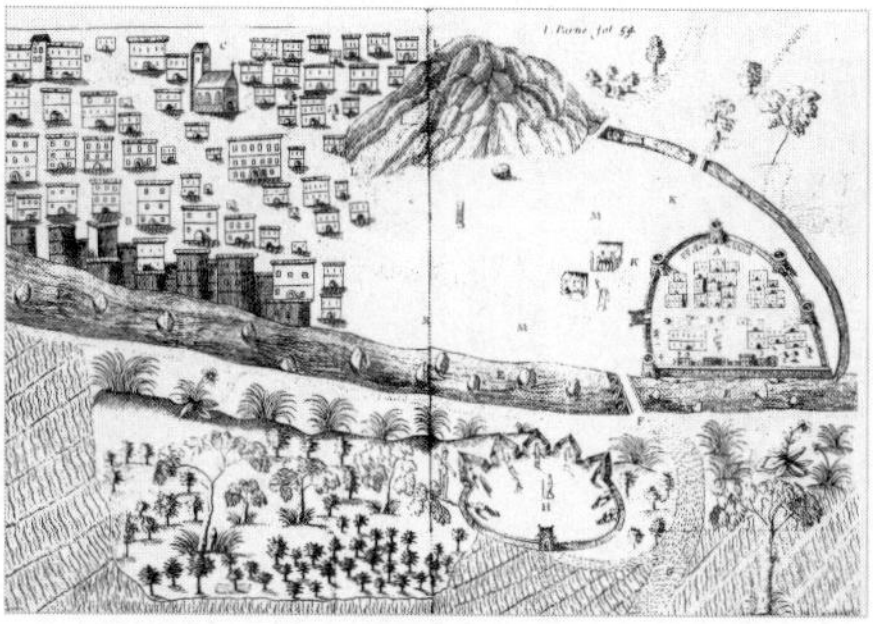

エレヴァン（現アルメニア共和国首都）　シャルダン（五六頁）と並んで十七世紀を代表するフランス人宝石商・旅行家タヴェルニエの著作に描かれた当時の姿。

呼吸おくかのように工事現場に赴くのは、建築事業をとくに好んだアッバースらしい。イスファハーンに戻ると、わずかな兵を連れて北上を開始した。実に足かけ五年にわたる長い戦役の始まりであった。

おりしもアゼルバイジャン地方のクルド人が反乱を起こし、タブリーズを護るオスマン朝総督は鎮圧に出向いていた。アッバースは南方へ、ついでカスピ海方面に出かけるとの偽情報を流して撹乱し、ファールス総督のアッラーヴェルディーにもバグダード攻めを指示した。こうしてオスマン側の注意をそらし、街道も封鎖して情報を管理しつつ、手勢を率いて突如タブリーズを急襲した。作戦は的中し、またたくまに街区を占領し、わずかな守備軍の立てこもる砦も三週間ほどで陥落させ、アッバースは王朝最初の都タブリーズの奪還に成功した。一息つくまもなくサファヴィー軍は進撃し、十一月半ばにはアナトリアへつうじる街道の重要都市エレヴァンの包囲を開始した。攻城戦は長引いて冬に入ったが、アッバースにはこの時も幸運が味方した。オスマン朝スルタン・メフメト三世逝去の知らせであった。城内から投降する者は武具を逆さまに返しもってシャーに拝謁し、一六〇四年五月に開城した。

もちろんオスマン側もただ手をこまねいて見ているだけではなかった。ユースフ・シナン・パシャ▲率いる大軍が同年九月にイスタンブルを出発し、補給に不安のある冬に侵攻を強行した。不意を突かれたアッバースは、徹底的な焦土作戦を指示する。この時、アラス河畔の街ジョルファから建設中の新首都イスファハーン近郊に移されたアルメニア人は、のちに世界的な商人集団として歴史に名を残した（五二頁参照）。シナン・パシャとの死闘は一年にわたって続いたが、一六〇五年十一月のスーフィヤーンの戦いでは陽動作戦が成功して大勝利をおさめた。この時はアッバース自身が後陣から直接指令を発している。さらに、アッラーヴェルディー指揮下の三万のサファヴィー軍が進撃し、アナトリア東部におけるヴァーン湖▲の戦いにも勝利して、シナン・パシャは失意のうちに死亡した。なお、シナン・パシャはイタリア出身であり、アッラーヴェルディーはグルジア出身であった。多彩な人材が活躍したイスラーム国家ならではのエピソードである。

しかし、勝利をかさねてもオスマン側からの圧力は弱まらなかった。この頃、クルド勢力を介してオスマン朝から届いたという講和条件が当時の両国の力関

▼ユースフ・シナン・パシャ（一六〇五没）　本名はスキピオーネ・チカーラ。イタリア・ジェノヴァ貴族の出身。幼くしてオスマン朝の捕虜となり、イェニチェリ軍団の一員として頭角をあらわし、大宰相も短期間務めた。東西両戦線で活躍ののち、対イラン遠征軍の総指揮を執った。ペルシア語史書ではジェガールオグルー（チカーラの息子）と記される。

▼ヴァーン湖　アナトリア東部の湖。ヴァン湖、ワン湖とも表記される。イラン高原とアナトリア高原を結ぶ要衝。湖に浮かぶアクダマル島のアルメニア教会遺跡や、特徴的な瞳をもつ猫（ヴァン猫）でも知られる。

▼チャルディラーンの戦い　一五一四年、勃興期のサファヴィー朝イスマーイール一世と東方・南方への急激な拡大をはたしつつあったオスマン朝のセリム一世が決戦をおこない、オスマン側が大勝した。

係を示していて興味深い。オスマン側は戦場では劣勢であったが、戦争以前の状態への回復を求めた。具体的には、破壊されたタブリーズの城砦を再建して糧食も補充したうえで引き渡し、さらに農民から奪ったものすべてを補償するよう要求したのである。あまりの上から目線に、シャーと重臣たちは皆失笑するしかなかった。アッバースは、戦死した兵の命を甦らせろと要求されなかっただけよかったと自虐まじりに述べた。そして、初代シャーの領地の奪回を誓って檄《げき》を飛ばした。この戦役の最中、かつてサファヴィー軍が大敗北を喫したチャルディラーン▲において、アッラーヴェルディーがオスマン軍からあげたおよそ五〇〇〇の首級や戦利品の謁見式を盛大に執りおこなった。

史料にはオスマン朝に全身全霊をつくして闘うアッバースの姿が克明に描かれている。表向きの戦況とは裏腹に、オスマン朝の強大さをよく知るアッバースは、前線をたびたび視察して、十二イマームの加護を強調しながら味方を必死に鼓舞した。また、負傷兵が担ぎ込まれていた軍営を訪れて、幾度となくその「奇蹟の御手」で銃弾や矢を兵士たちの傷口から取り除き、軟膏をぬって癒やしたという。前線で銃兵の服を着て実際に銃撃戦にも参加したという記述も

ウズベク人捕虜　拘束された捕虜を描いたもの。トルクメンあるいはウズベクの兵といわれている。パラハングと呼ばれた器具で右腕の自由が奪われている。

ある。勝負に徹するアッバースは、オスマン側が徹底抗戦した城砦については敵兵の助命を認めないこともあった。タフマースプ期の領土の奪還をめざしたとも指摘されるが、実際には獲《と》れるものは獲るという強い姿勢で臨んでいた。他方、作戦立案では現実的であり、敗北したさいの退路の確保も忘れなかった。若年期に幾度となく命の危険に晒されたアッバースは、精力的だがつねに慎重であった。

　北西領域の奪回をめざす五年戦争は文字通り命がけの戦いの連続であった。アッバースの身に危険がおよんだこともあった。御前に連行されたクルド人捕虜を見た別のクルド人が、父の敵《かたき》であると申告した。アッバースは血の復讐をはたすように促し、臣下と談笑していたが、この時、隙を見た捕虜が小刀で突然アッバースに襲いかかったのである。立ち上がるまもなかったアッバースは、とっさに手を伸ばして組み伏せ、奪った小刀をたいまつの下へ投げ捨てた。その後、襲撃者は斬殺されたが、周囲は騒然となった。アッバースはやおら起き上がると弓矢を手にして篝火の下にいたり、矢を左右に放って軍勢を威嚇して健在を示した。こうして陣営はようやく落ち着きを取り戻したのであった。

このように、多くの困難に直面しながらも、アッバースはつねに自ら前線にあって、強大なオスマン朝を相手に戦い抜いた。一六〇七年、最後まで残ったオスマン軍も降伏し、両国の境界は一五五五年のアマスィヤの和約時の状態にほぼ復した。宿敵オスマン朝を打ち破って肥沃なアゼルバイジャンの回復に成功したのであった。史書は、五年間戦場にあって勝利をかさねた功績を、武人・諸国征服者の鑑《かがみ》とされていたティムール以来のできごととたたえている。そして、イスファハーンでの凱旋祝宴は実に丸一カ月続いたという。

シャー様が遠征から帰ってきた！　お祝いの時がやってきた！
寂しい思いをしてきた民衆は今や舞台のうえの役者さながら！
一カ月、ただ喜びと楽しみに浸《ひた》るだけ！
めでたい月のターリーフ▲は正しく「慶びの月」！
（『アッバース史▲』）

王宮までおよそ六万の兵が二列に整列してシャーをむかえた。貴顕や学者たちも拝謁の栄誉に与《あずか》った。城門から王宮まで高価な絨毯が敷き詰められ、市民がそのうえで小躍りして、食事も振る舞われた。世界広場での閲兵式ののち、

▼ターリーフ　アラビア語で年代や歴史を意味する言葉。アラビア文字は一文字ごとに数価をもつ。詩はさまざまな韻を踏むが、詩の最後のアルファベットを足すと特定の年を示すようかけてある。

▼『アッバース史』　宮廷の天文長官ジャラール・ウッディーン・モナッジェムによる年代記。役職上、日付にも詳しい点で『ジャラール・ウッディーンの日記』とも呼ばれる。また、さまざまな奇蹟譚を含むが、アッバースの人柄を記すほか、宮廷へ届いた報告書の引用など、アッバース治世半ばまでの中央宮廷のようすを伝える貴重な史料である。

▼**アッバース新金曜モスク**　現在のイマーム・モスク。王のモスクとも記される。旧市街の金曜モスクに対して、アッバース新金曜モスク(マスジェデ・ジャーメイエ・ジャディーデ・アッバーシー)と呼ばれた。王国の再設計者にふさわしく、「アッバースのもの」を意味する形容詞「アッバーシー」が多くの建築物にあてられた。

兵には帰国が許された。アッバース自身も光の祭典を楽しみつつ、バーザールを視察して夜店をひやかした。月末には四つの砦が築かれるとともに、花火が打ち上げられ、オスマン側から獲得した大砲の砲声が鳴り響いた。そして都の祝宴に飽きると、アッバースは翌月にはマーザンダラーンに赴き、狩りに興じた(八〇頁参照)。しばらくオスマン朝の攻撃をかわしながら、一六一二年十一月に和約を結んで情勢は一応の落ち着きをみせた。

帝国空間の再構築

東西領域の再征服を成しとげたアッバースは、サファヴィー朝の統治機構の再編に本腰をいれ、王都イスファハーンの整備も加速させた。一六一一年には世界広場の南端に巨大な金曜モスク▲(金曜日に信者が集団礼拝をおこなうモスク)が建てられた。終末の日に降臨する救世主を自称した初代イスマーイール以来、王朝は異端と正統の間で揺れていた。イマームが「お隠れ」になっている間の金曜礼拝についても議論が続いており、オスマン朝からもこの点で絶えず異端として攻撃を受けていた。アッバースは新たな帝国空間の象徴として自らの肝

●**アルダビールのシャイフ・サフィー廟**　アルダビールはカスピ海に近いアゼルバイジャン北東の古邑。サファヴィー教団の発祥地として王朝にとって重要な参詣地であった。アッバース一世も戦勝祈願やお礼参りのためにたびたび訪れ、多額の寄進をおこなった。

●**マシュハドのレザー廟**　マシュハドの原義は「殉教地」を意味し、シーア派の第八代イマームであったアリー・アル＝リダー（レザー）が九世紀に没した場所。サファヴィー朝の時代に大規模な聖廟が整えられて参詣地として発展し、現在は首都テヘランにつぐイラン第二の大都市である。

●**シャイフ・バハーイー廟**（マシュハド）　シャイフ・バハーイー（一五四七?～一六二一／二二）は、アッバース期のもっとも傑出した学者の一人で、イスファハーンのイスラーム長老職にも任命された人物。敬虔なスーフィーで、多くの寄進もおこなった。また、ペルシア語で記された最初のシーア派教則本である『アッバース法典』を著した。同書は、礼拝の仕方に関する規則から婚姻や刑法にいたるまで、信徒が従うべき規則について解説し、二〇章からなる。六章以降は弟子が完成させた。

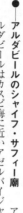

アルダビールの「芸術の館」

▼ルーホッラー・ホメイニー（一九〇二〜八九）　イラン・イスラーム革命（一九七九年）の指導者。イスラーム法学者による統治を掲げ、初代最高指導者としてイラン・イスラーム共和国を率いた。

いりで巨大なモスクを建設し、過激シーア派による教団国家はいよいよ「正統な」イスラーム国家に脱皮したのである。

アッバースは正統シーア派国家の建設に邁進した。ホラーサーンのマシュハドには黄金のドームをいただくレザー（第八代イマーム）廟が整備された。サファヴィー朝の貴顕の多くはマシュハドに葬られ、巡礼によって街は大きく発展していく。アゼルバイジャン地方では、一六〇七〜〇八年、教団の発祥地であるアルダビールに優美な「芸術の館」（チーニーハーネ、「中国館」）が建設された。「芸術の館」にはシャーが寄付した華麗な陶器コレクションが陳列されたほか、優美な細密挿絵付写本が数多く所蔵されるなど、文化施設として後世まで知られた。レザーの姉妹ファーティマが没したゴム（クム）も、古くからシーア派の崇敬を集めていた場所であるが、サファヴィー朝期に整備が進んだ。ゴムには現在も有力な宗教学校が集中し、イラン・イスラーム革命を主導したホメイニー師▲もこの地に学んだ。いわばアッバースは現在のイランに安定的な宗教イデオロギーとアイデンティティの基盤を提供したのであった。

一六一二〜一三年には、アッバースはマーザンダラーン地方にアシュラフ

（至高の街）とファラハーバード（喜びの街）という二つの離宮都市を建設した。イスファハーンと両都市を、「石の絨毯」街道（アッバース街道）と呼ばれた舗装道路が結んだ。アッバースは母方の父祖の地でもあるこの地方の豊かな自然をとりわけ気に入り、壮大な巻き狩りと漁猟をたびたび催した。医者・将軍・商人らもこぞってこの地に壮麗な邸宅を建設した。マーザンダラーン地方の責任者には、ミールザー・タギー▲が抜擢されたが、この人物はのちにサフィー一世からアッバース二世の治世にかけて大宰相を務め、サファヴィー朝の行政機構をつくりあげた。大規模な造成事業は、次代を担う有能な官僚の育成も兼ねていたのである。

国土改造は王朝の権威づけだけではなく、経済政策の一環でもあった。国づくりのなかで、アッバースは度量衡の統一に心を配り、通貨改革も一六一五年から二〇年にかけておこなった。金銀通貨それぞれ二種類を発行し、二十世紀初頭まで「アッバース通貨（アッバーシー）」の名で通用した。こうしてアッバースによって新たに結びつけられた「イランの大地」は、物流・金融の面でも一つの国としての姿を纏《まと》いだした。

▼ミールザー・タギー（一六四五没）　サフィー一世期からアッバース二世期にかけて大宰相職を務め、サファヴィー朝の行政組織を完成させた。サールー（金髪）・タギーとも記される。また、軍営内でのスキャンダルにより去勢されていたことでも知られる。

アッバース通貨（アッバーシー）

シーア派法学者との距離と王室ハウスホールドの輪郭

　こうした経済政策において、アッバースはワクフ▲制度を積極的に活用した。

イスラームは宗教的規範を利用して経済活動を活発化させる。同じ頃、オスマン朝も、ユニバーサル法としてのシャリーア▲を重視したイスラーム国家に脱皮している（「第二オスマン帝国▲」）。規模の小さいサファヴィー朝は、すべてにおいて王が前面にでる道を選択した。対オスマン戦役の終了後まもなく、アッバースは「無謬《むびゅう》の十四人▲」ワクフを設定した。宗教寄進の制度を国家財政の基盤にすえたのである。ワクフ財源は王自らが蓄えてきた私財である。自らを富ませ、これを社会に還元することで帝国の強化をはかる。これがアッバースの政策の核心であった。

　オスマン朝の脅威を取り除いた今、アッバースは正統シーア派イデオロギーを中核にすえて社会秩序づくりに邁進した。イスラーム法学者との提携も進め、当代随一のイスラーム法学者シャイフ・バハーイー（四五頁参照）に命じて、『アッバース法典』を編纂させた。バハーイーは、イスファハーンの世界広場に面する王家のモスク（祝福のモスク）にその名が冠されたシャイフ・ロトフ・アッ

▼ワクフ　「停止」を意味し、神のもとにとどめおくことを指す。宗教寄進として功徳を積むだけではなく、ワクフを設定するさいに子孫などを管財人に指名することで、「神の法」により資産の一部を維持することが可能になった。アッバースは帝国の新中枢である世界広場全体をワクフに設定し、管財人の任命をシャーがおこなうように設定した。いわば王朝自体の永続をはかったのである。

▼シャリーア（イスラーム法）　原義は水飲み場にいたる道。イスラーム法は支配者や支配民族にかかわらず各地で通用する商慣習についての規定を内包していた。そのため、前近代においてとりわけユニバーサルな価値を有した。

▼「第二オスマン帝国」　オスマン史学者バキ・テズジャンは著書『第二オスマン帝国（The Second Ottoman Empire）』のなかで、従来混乱期ととらえられてきた十七世紀オスマン史を新たな帝国秩序形成の時代ととらえ直した。絶対王政の支持者と、商業化の波に乗った「立憲

▲ラー同様、レバノン生まれのアラブ人シーア派学者である。初代シャー以来、王朝は十二イマーム派の教義を自らの統治の正統性の証とするために、アラブ人宗教者の招聘に努めていた。アッバースも自らの娘婿に宗教者を選ぶなど、いっそうの取り込みをはかった。

ただし、サファヴィー朝では、オスマン朝とは対照的に宗教者の官僚化は進まず、王による家産帝国の一員に宗教エリートの家系を加えるかたちがとられた。アッバース自身は、ヨーロッパからの使節の面前で法学者に飲酒を強要したエピソードが知られるなど、宗教そのものには功利主義的に接していた。また、宗教者のなかにも、隠れイマーム再臨の日まで高位宗教者がシーア派教徒を指導すべきとの考えが存在した。シーア派法学者は地域社会で大きな影響力を保ちつつ、王権からたくみに距離をとりながら近代をむかえた。二十世紀に入り、ホメイニー師は伝統的な緊張関係も利用しつつ「法学者の統治」を掲げて政治の前面に登場し、近代的な「革命」を成就させた。ここには逆説的な意味でアッバースの影響をみることもできよう。

初代イスマーイールや第二代タフマースプは有力キジルバーシュの娘をめと

主義者」こと新興エリートとの党派対立を指摘して、後者の勝利によって、シャリーアを積極的に活用したより普遍的な広域秩序が築かれたとする。

▼無謬の十四人　十四人とは預言者ムハンマドとその娘のファーティマ、十二人のイマーム（ムハンマドの従兄弟でファーティマの夫であるアリー、その息子たちで預言者の孫である第二代ハサン、第三代フサインから第十二代の隠れイマームことムハンマドまで）を指す。

▼シャイフ・ロトフ・アッラー（一六二五／二六没）　有力な法学者家出身であり、自らも幼少の時にレバノンからイランに移住した。世界広場のワクフ書執筆者であり、新街区整備と密接な関わりをもった。「祝福のモスク」に居住し、その死後、モスクは彼の名で呼ばれるようになった。

り、王家の娘たちを輿入れさせた。アッバースも王朝建設の原動力となった「シャーヒーセヴァン」(一一二頁参照)の理念を決しておろそかにしたわけではなく、実際にアナトリアからシーア派住民の流入▲も続いたが、宗教的原理主義とは距離をおいた。先に父王とのエピソードでみたように、宗教的熱情は諸刃の剣であり、一六二〇年頃には王家一族から、自らを救世主と名乗る反乱も発生した。アッバースは有力なイスラーム宗教者に娘を嫁がせたが、キジルバーシュやゴラームといった武人に嫁がせることはしなかったし、その逆もなかった(サファヴィー家血縁者のシャイハーバンドやグルジア王家など辺境君侯とは婚姻関係を結んでいる)。他方、オスマン朝はテュルク系の出自とイスラーム戦士の系譜を強調していきながらも、カプクル(王の奴隷集団)に子女を下賜した。すなわち、二つの帝国の「王のハウスホールド(家産、拡大家族)」の姿は大きく異なっている。サファヴィー朝はバランスを重視しつつ宗教を王朝社会の理念的統合には利用したが、集団をそのままかかえ込むことはしなかった。一方で、アッバースが王室ハウスホールド運営の担い手として積極的に引き上げたのが、コーカサス出身者であった。

▼アナトリアからの「シャーヒーセヴァン」の流入　アッバース期にも、オスマン朝に反旗を翻したジャラーリー集団ら亡命者のアナトリアからの流入は続いた。もっとも、キジルバーシュのシンボルである赤い芯棒を巻いたターバンがアッバース以降のミニアチュールにはあまり描かれていない点にも注目する必要がある。ちなみにジャラーリー一〇〇〇人をむかえいれた祝宴は首都で一日昼夜続いた。悪酔いし、粗暴な振る舞いがめだつも、アッバースは「アリーは許す」として不問に付した。

▼グルジア(ジョージア)人　コーカサス土着の言語を話し、四世紀前半以来のキリスト教信仰と五世紀以来の独自文字による文学伝統を有する。バグラティオニ朝グルジア王国は十二世紀に最盛期をむかえ、タヴァディ・アズナウリ制という豪族制度が存在した。東方正教会に属する

民族教会をもつ一方、世俗文化はイラン世界の大きな影響を受けていた。

▼**アルメニア人**　紀元前五世紀の碑文に初めて登場する古い民族。紀元四世紀初めに最初のキリスト教王国を形成した。インド・ヨーロッパ語系のアルメニア語を話し、多くはカルケドン信条を認めないグレゴリウス教会(アルメニア教会)に属して独自の文字を用いる。中東のユダヤ人とも呼ばれ、世界各地に広がるディアスポラ商業共同体を建設した。

▼**チェルケス人**　狭義のチェルケス人は北西コーカサスにおもに居住するアディゲ系の人々を指すが、この時代のペルシア語史料では北コーカサスの諸民族を総称してこの名で呼んでいる。スンナ派のダゲスタン系君侯や、キリスト教徒が少なくなかったカバルダ系貴顕もシーア派に改宗しサファヴィー朝に人材を提供した。とくにチェルケス人女性と宦官は後宮で大きな影響力を有した。

▼**戦争の家**　イスラーム法の外にある地域のことを指すイスラーム法学上の概念。

フロンティアからの人材登用

アッバースによる壮大な帝国再建・改造計画のなかで、大きな役割をはたしたのがグルジア(ジョージア)人、アルメニア人、チェルケス人らコーカサス出身者であった。ユーラシア大陸の中核地域で発展したイスラーム世界では、「異人」を国家中枢に登用する伝統が存在し、アッバース朝のグラーム集団やエジプトのマムルーク朝の事例がよく知られる。コーカサス地方は、「イスラームの家」と「戦争の家」の境界地域として、歴史的にイスラーム世界へ人材を供給してきた。

アッバースによる「異人」登用の特徴は、少数派の「強制的な」リクルートであり、いわば出身地そのもののかかえ込みにあった。独自の武人エリート階層をもち、尚武の気風あふれるグルジア人は、おもに武人エリートかつシャーの家産的従属者として、帝国権力を体現する存在になった。ピエトロ・デッラ＝ヴァッレは勇敢で容姿の美しいグルジア人を、故国のロンバルディア人になぞらえている。グルジア人は、ゴラーム軍の中核、また地方における中央宮廷権力を代表する代官として、帝国社会の隅々に浸透していった。従来の研究ではこうした「奴隷軍人」の出身地との断絶が強調されてきた。しかし、アッバースは出身地・出身民族の秩序構造の再編まで踏み込んだ。すなわち「王の奴隷」軍団の抜擢は、単なるフロンティア切り捨てではなく、むしろ「統合政策」の一環であった。もっとも、シャーの意志に従わないフロンティアに対する苛烈な政策と表裏の関係にあり、集団的なトラウマをその後のグルジア人に与えることにもなる。

　アッバースはアルメニア人も重用した。とくにイランとアナトリア高原の結節点に位置していたジョルファ▲の住民を、強制疎開の名目で新都イスファハーンに根こそぎ移住させ、郊外に同じ名をつけた街区を与えて住まわせた。アッバースに絹交易の特権を与えられたジョルファ商人は、東はフィリピン・チベット、西はロンドン・アムステルダムにまで広がる交易ネットワークを構築した(ディアスポラ商人)。現在のロシア・ウクライナ・ポーランド・イタリア・トルコ・エジプト・インド・フィリピン、そして新大陸にいたるまで、この時代にアルメニア人の痕跡のない場所はほとんど存在しない。

▼ジョルファ　アラス川の渡河地点に位置し、十六世紀後半より交易都市として繁栄した。サファヴィー王権との関係はその頃に遡る。アルメニア人は一六〇五年にイスファハーンに到着し、その後一五年間でジョルファだけで一〇の教会を建設し、イスファハーン市内にも六教会を新設するなど、新首都の重要な構成員の一部となった。アッバースは一六二〇年にアルメニア人の宗教儀式に出席し、その後ジョルファのアルメニア人を統べるハージェ・ナザルの邸宅に行幸して逗留するなど特別の恩寵を示した。ナザルの一族はローマ教皇らへの外交使節としても活躍した。なお、ジョルファには約二〇の名門家系が並び立っていたとされる。

聖救世主大聖堂（ヴァンク大聖堂、イスファハーン）

アッバースにとっておそらく商人としての才覚同様に大切だったのは、アルメニア人の通訳兼情報伝達者としての能力であった。ヴェネツィア・イスタンブル・アレッポなど各地で情報を収集し、神聖ローマ皇帝の動静やオスマン朝スルタンの廃位について伝えたり、アッバースの命で宣教師からイタリア語を習い、のちにはその宣教師に同行してロシアへ赴いてロシア語を習得したアルメニア人らの逸話が伝わっている。アルメニア人は世界に雄飛し王室の富をふやすと同時に、王の目となり、足となって情報をもたらして新生サファヴィー朝を支えた。十七世紀半ば、新ジョルファの人口は二万人に達したともいわれる。

コーカサス出身者は王のハウスホールドを構成する「国家」エリートであり、その「虜《とりこ》」でもあった。辺境の力を帝国中枢に移植する、前近代における中央宮廷・帝国権力の矛盾をいわば体現する存在となったのである。「臣民の保護」「逆賊の懲罰」を理由に実施された強制的なリクルート政策は王家のハウスホールドの力を増大させたが、今日まで残虐な奴隷化政策として怨嗟の的ともなっている。一方で彼らが出世のすえに得た富と権力は絶大であり、マイノリティの一つの身の処し方でもあっただろう。イスファハーン郊外の新ジョルファと新市街を結ぶ橋(七二頁参照)を、新勢力の代表であったアッラーヴェルディーが建設し、彼の名前で今日まで呼ばれていることは象徴的である。

帝国外交とヨーロッパ人の到来

アッバースにとって、まずは東方の、ついで西方領域の回復こそが最大の国家課題であり、外交もウズベク勢力とオスマン朝に最大の注意をはらった。しかし、この東西の二つの勢力は宗派的にも歴史的にもつねに対立関係にあった。一方、同じく境界を接するムガル朝▲とロシア帝国とは、政治・経済的に相補関係にあり、基本的に友好姿勢が維持された。

この周辺四大国に加えて、アッバースは「オスマン朝の向こう側」に友邦を求めた。アッバースが即位した頃、イランを訪れるヨーロッパ人はほとんどいなかった。しかし、その治世の半ばにはサファヴィー側優勢の戦局も背景に、続々とヨーロッパから使節団などが渡来し、多くの記録を遺した。今日、アッバースの時代を世界史のなかでとくに印象づけているのは、ヨーロッパ人との

▼ムガル朝　ティムール裔のバーブルが北インドに建国した王朝。サファヴィー朝とはウズベク勢力という共通の敵をもち、友好を保ちつつも、通商路の支配をめぐってたびたび争った。アッバース一世と治世がかさなるのは、第三代アクバル(在位一五五六〜一六〇五)、第四代ジャハーンギール(在位一六〇五〜二七)、第五代シャー・ジャハーン(在位一六二八〜五八)の三人である。

サファヴィー朝へ派遣されたムガル大使

通交である。同時期の日本とは対照的に、サファヴィー朝は国を閉ざすことはなかった。アッバースはオスマン朝のさらに西に、強大なハプスブルク帝国と、ローマ教皇が力をもつ世界が存在することをよく知っていた。ヨーロッパ人も、オスマン朝を牽制するとともに、交易による経済的利益や宗教伝道のために、サファヴィー朝との往来に大きな利点を見出した。カプチン・フランシスコ修道会やカルメル修道会など多数のキリスト教宣教団も東方教会信徒の改宗を目的として続々と来朝した。

従来、アッバースはキリスト教徒に極めて好意的であったとされてきた。▲しかし、近年その評価は大きく揺らいでいる。オスマン朝とハプスブルク家の和平を知るなり、アッバースは露骨な嫌がらせをおこなっており、実際のところ、キリスト教徒へも功利的態度に徹した。ヨーロッパへ使節を派遣したさいにも、成果無く帰国した大使を処刑している。

アッバースにとって、ヨーロッパ人は第一に反オスマン同盟の外交相手であった。そして、渡来人は、医術や軍事技術など特殊技能をもつ専門家や通商相手、知的関心を満たす異人であり、地元のキリスト教徒を牽制する恰好の独楽《こま》

サファヴィー朝の遣欧使節（一六〇一年にプラハで描かれたもの）

▼アッバース一世のキリスト教徒への態度　アッバースの治世中、暦のうえで、ラマダン（断食）月の最中にクリスマスをむかえた年があった。アッバースはムスリムの非難の声にもかかわらず、教会での儀式を執りおこなわせ、自ら出席しただけでなく、宴のために（ムスリムにとって不浄な）豚のグルジアからの取り寄せを認め、ワイン飲酒も許した。ただし、「寛容策」は政治的パフォーマンスでもあった。実際、この話をスペイン大使に語り、帰国後にローマ教皇に伝えるよう求めたという。

でもあった。多くの貢ぎ物をもたらす外交使節も、臣民にその勢威を見せつけるという面が少なくなかったであろう。柔軟な現実主義こそアッバースの真骨頂であった。寛容さを賞される一方でキリスト教徒にイスラームへの強制改宗を命じた唯一のサファヴィー王である。それでも、オスマン朝という大敵の敵はつねに味方であるという点でぶれないアッバースの一貫した姿勢と、もてなし好きで快活な個人的魅力もまた、ヨーロッパ人に肯定的な強い印象を与えた。

ヨーロッパ人もそれぞれの思惑をもってサファヴィー朝社会に乗り込んでいった。洋の東西を結ぶイランの地政学的な地位は極めて重要であった。宣教団のほか、アッバース期以降、シャルダン▲に代表される貿易商や、オレアリウス▲、ケンペル▲のような外交使節団の一員がイランを訪れ、紀行文を記して現地情勢をヨーロッパに伝えた。おりしもルネサンス以降にギリシア・ローマの伝統に自らをかさねつつあったヨーロッパにおいて、アッバースの治世に勢いを取り戻したサファヴィー朝は古《いにしえ》の「ペルシア帝国」を彷彿とさせたのであった。

ヨーロッパ諸勢力は古代ギリシア・ローマ以来「一〇〇〇年ぶりに」東方の大国と邂逅したのである。ヨーロッパ人主導による世界的な交易網のみならず、

▼**ジャン・シャルダン**（一六四三〜一七一三）　フランス人宝石商。浩瀚なペルシア見聞記を残し、ヨーロッパ文化人のオリエントイメージ形成に大きな影響を与えた。『千夜一夜物語』の訳者アントワーヌ・ガラン（一六四六〜一七一五）ともイスタンブルで出会っている。

▼**アダム・オレアリウス**（一五九九〜一六七一）　ドイツ人学者。ホルシュタイン公国使節団の一員としてモスクワを訪問したのち、一六三七年にイスファハーンを訪れ、サフィー一世に拝謁した。旅行記のほか、ペルシア文学の古典サアディー『薔薇園』のドイツ語訳でも知られる。

▼**ケンペル**（一六五一〜一七一六）　ドイツ人医師で、スウェーデン使節団の一員として一六八四年から二年間イランに滞在し、『廻国奇観』を残した。日本訪問記でも有名。

●—**ピエトロ・デッラ＝ヴァッレ**（一五八六〜一六五二）**とマアニー**（一六二四没）　ローマの名門貴族の出身。一六一四年に聖地巡礼を目的として東方に赴き、少数派キリスト教徒アッシリア人の女性マアニーと結婚し、ともにイランを旅した。一六二六年に帰国するまで、絶頂期のアッバース一世と王朝社会について貴重な記録を残した。マアニーはペルシア湾岸で亡くなるが、デッラ＝ヴァッレはローマに運んで葬った。ちなみに私人として旅行したデッラ＝ヴァッレはアッバースを真似た口髭をたくわえたが、サファヴィー朝使節をつとめたロバート・シャーリーは、ターバンとペルシア風マントを身につけた。

●—**ロバート・シャーリー**（一五八一?〜一六二八）**とテレサ**　イギリス人カトリック貴族で改革初期のアッバースに兄弟で仕え、外交使節として西欧諸国に赴いた。兄アンソニー（一五六五〜一六三五）は冠帽子をシャーから直に与えられた唯一の西欧人とされ、軍事改革の助言者の役割をはたしたとの説もある。ロバートはイランで没した後、ローマに葬られるが、アッバースの命により結婚したチェルケス人貴族出身の妻テレサも晩年をローマで過ごした。

地理認識の拡大や科学の発展のなかで、モンテスキューの『ペルシア人の手紙』▲に代表されるように、新「ペルシア帝国」はヨーロッパ人の知的想像力をかき立て、その意味でも後世に大きな影響を与えた。異文化がぶつかる交差点としてのイランがもつ文化的かつ地政学的魅力は、今日まで一貫して異国人を引きつけている。サファヴィー朝もまた、諸外国と通交し、「護国」▲の表現を用いて自らの世界における位置を認識していった。アッバース一世期におけるサファヴィー朝の再浮上は、ヨーロッパ人の世界認識に大きな影響を与えたのであった。

▼**『ペルシア人の手紙』**　フランスの啓蒙思想家モンテスキューによって著された作品(一七二一年)。ペルシア人貴族による架空のフランス紀行の体裁をとり、フランス社会を批判した。このほか、ルソーの『エミール』や『人間不平等起源論』、ゲーテの『西東詩集』など、サファヴィー朝期のヨーロッパ人の「ペルシア体験」はのちのオリエントイメージ形成に大きな影響を与えた。

▼「**護国**」　サファヴィー朝がヨーロッパ諸国に送った外交文書を分析した東洋史家の羽田亨一は、神に護られた国土(マムルーケ・マフルーセ)の表現が事実上「イラン」国家の領域を示すようになったことを明らかにした。これ以前、「イラン」はペルシア文学モチーフにおいてトゥーラーンとの対概念であり、かならずしも領域を示すものではなかった。また、イスファハーンを含むサファヴィー朝の「中核地域」は「アジャム・イラク」と地理概念上は呼ばれていた。しかし、サファヴィー朝の時代に神国イランともいうべき王朝と領域一体性が認識されだした。

④—イスファハーンは世界の半分

「庭園都市」イスファハーンの繁栄

アッバースは無類の「建築狂い」であった。そして、彼の建設事業の最高傑作こそがイスファハーンの新市街▲である。興味深いことに、アッバース自身がイスファハーンに滞在したのは、通算して年平均二カ月にも満たないとされる。戦勝記念の祝祭、外交使節との謁見など節目の政治パフォーマンスがイランの結節点であるイスファハーンで開催された。すなわち、この都市は帝国のショーウインドーとして輝くように再設計されたといえよう。そして、アッバースによる新帝国建設を象徴するこの「世界の半分」を、ヨーロッパ人宣教師やインド人商人などが闊歩し、新しい芸術や学問が生まれたのであった。

アッバースが築いた新市街の水と緑にあふれるさまは、遊牧的心性と結びつけて論じられることが多い。たしかに「庭園」という発想自体が都市民、あるいはヨーロッパ的な見方かもしれない。一方で訪れたヨーロッパ人がその都会ぶりに驚嘆したのも事実である。イスファハーンの繁栄からは、あるいは近世

▼新市街の建設　市域の新たな拡張と整備について、遷都から十数年後であるが、一六一一年五月のアッバーサーバード街区建設の事例を紹介しよう。タブリーズ出身者の家をザーヤンデ川傍に割りあてるよう定められ、土地購入のため三〇〇〇トマンの資金が国庫から支出された。家屋の間を縫って天国庭園(バーゲ・ジェンナト)まで流れる四つの川、モスク、公衆浴場、小キャラヴァンサライ、小市場が整備された。また、ゴラーム師父を務めるモヒッブアリー・ベグは自らの支出による五〇〇家屋の建造を命じられた。財産のないものには一〇万トマンが貸しつけられ、五年で返済するよう定められたが、最終的に下賜したという。ちなみにアッバーサーバードは「アッバースの街」を意味する。また、モヒッブアリー・ベグはイスファハーンの王立建造物の監修者でもあり、都市改造計画で中心的な役割を担った。

イスファハーンの獣頭塔

▼ポロ　ペルシア語ではチョウガーンバージーと呼ぶ。高く掲げた棒の先につけた的を弓で射るカプクアンダージーも広場などでよく競われた。標的は球や果物、はたまた黄金の皿などであり、射手の懸賞品ともなった。

らしい、現代の都会文化にもつうじるようなモダンな有様が垣間見えるとともに、空間を遊牧と定住の二分法で説くことの限界も指摘できよう。緑あふれる都市にはアジアやヨーロッパ中から商人が集まった。ヨーロッパからの旅行者は、市民が庭園を自由に利用して果物をとる姿や巨大な二層の橋、何千もの動物の頭でつくられた塔などに魅了された。ピエトロ・デッラ＝ヴァッレは、ローマのナヴォーナ広場と比べてもまさると賞賛し、イスタンブルやローマより街は将来大きくなるだろうとまで述べている。もう少し具体的に、サファヴィー社会における街の機能とその繁栄ぶりをみていこう。

広場の機能

広場はシャーが臣民と直接まじわる公共空間であり、当時の政治の中心舞台でもあった。旧都ガズヴィーンにおいて、毎晩のように馬で広場に乗りつけるシャーの姿をデッラ＝ヴァッレは目撃している。待ち構えている人々は立ったまま動かず、シャーがせわしなく行ったり来たりしては、お付きの小姓が瓶に入った酒と金杯をもって客人や高官についでまわった。広場は社交空間に変貌

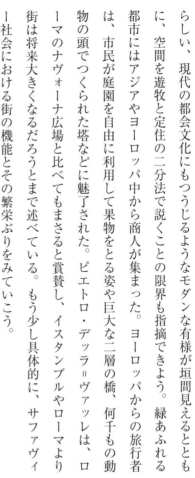

し、楽隊が音楽を奏でて場の雰囲気を盛り上げた。高官は乗馬し、一種の余興・社交としてポロ▲が頻繁に興じられた。ポロは軍事教練の一環でもあり、腕試しと名声獲得の機会でもあっただろう。広場や宮殿の門での会見は人々にシャーの姿を直接見せ、帝国を実際に体験させる機能をはたしていた。

外交の場としても広場は重要であった。スペイン大使・ムガル大使・ロシア大使らの贅をつくした贈り物が広場などで披露された。たとえばロシアの使節団は団員だけで一五〇人にのぼったが、異国の使節団が（人々の見慣れない）正装であらわれるだけで壮観であっただろう。ムガル大使は八〇〇〇人の従者と一〇頭の巨大な象を従えて入城した。スペイン大使は広場ではなく庭園で謁見したが、そのさいには五〇〇人の若者が贈り物の運搬役として選ばれた。贈り物は大きさにかかわらず一人一品によって運ばれたため、儀式はより華やかとなった。帝国の勢威を「演出」する舞台として広場や庭園空間が重視されたのである。また、新年の日▲には地方総督が各地からそれぞれの名誉と将来をかけて特産品を送った。シルヴァーン総督ユーソフ・ハーンは五〇頭の馬と五〇人の少年奴隷をそれぞれの出身地の服を着せて行進させたが、このときも贈り物の

▼新年の日　ペルシア語でノウ・ルーズ（新しい日）といい、イランでは現在でも春分の日を一年の始まりとして祝う慣習がある。同時代のオスマン朝では王子割礼、ムガル朝では王の誕生日などの祝祭が知られるが、サファヴィー朝では新年の祝賀がもっとも盛大に祝われた。そのほか、水祭りやイラン太陽暦最後の月であるエスファンド祭りでは夜に火をともして春の訪れが祝われた。春の祝祭としては郊外に出かけて花をつむ行事も伝えられる。この時期は都会でもコーヒー・ハウスで歌や踊りが披露された。夜は外で踊り、花輪を頭にかぶって花びらをゆきかう人々に散らしてお金を稼ぐ一団も出現したという。

イスファハーンの再開発時期		
期	期間／概要	詳　細
第一期	1590年代初頭／行政府と王都としての偉容を整える	①「世界の姿」広場(世界広場)および同名の庭園(行政府)：広場は整地されたのちに砂が敷かれ，儀礼や演習・閲兵の場として機能した。至高の門楼(アーリー・ガープー)の奥には行政空間が広がっていた。 ②四分庭園(チャハール・バーグ)大通り(長さ約4キロ，幅47メートル：旧市壁のドウラト門からソッファ山の麓まで広がる広大な庭園である千里庭園(ヘザール・ジャリーブ庭園，実際にはジャリーブは面積の単位)にいたる大通り。1596年10月にデザイン，1597～98年には水を引くための運河も建設された。中央道は歩道として，側道は馬がいきかい，イギリス人フライヤーはハイドパークのようだと記した。 ③薔薇の花束(ゴルダステ)パヴィリオン(八角形のドーム付き二階建て建物で図書館機能をはたしていたと推測される)：周囲に王室工房と後宮，ハンマームなどレクリエーション施設がそろう。
第二期	1602～03年頃／商業の中心都市として整備	①世界広場の機能拡張：すでに建設されていた帝王閣(ゲイサリーイェ閣，もともとはローマのカエサルに由来する)周辺にコーヒー・ハウスほかスーフィー修行場，ハンマームなども備わり，市民的・商業的色彩をおびるようになった。世界広場は壁画でも知られていた。 ②四分庭園大通り開通：1602年12月12日に旧市街から広場に商店が移設された。同月26日にはアッラーヴェルディー・ハーン橋が完成。アッバースはこの日，コーヒー・ハウスを訪れ，詩作して過ごした。 ③王家の礼拝所であるシャイフ・ロトフ・アッラー・モスク(祝福のモスク，アル・マスジェド・アル・モバーラクとも呼ばれる〈カバー裏写真参照〉)建設開始。私的な祈りの空間であり，向かいに立つ至高の門楼との対比が鮮明。モスクと至高の門楼は地下道でつながっており，王家の女性は広場の人目につくことなく移動することができた。そのため「女性モスク」の別名でも知られる。 ④新ジョルファの建設(1605年，52頁頭注参照)。
第三期	1611～12年頃／王都のシンボル完成	①世界広場の南端に巨大なモスクを建設(44頁頭注参照)。設計者はバディーウッザマーン，工事責任者はアリー・アクバル。100メートル×130メートルの建物。中庭4イーヴァーン式のイラン型モスクの最高傑作として知られる。内部のドームの高さは38メートル(外側は52メートル)。1611年5月に完成したさいには，建設年のイスラーム暦1020年にかけて「第2のカーバ神殿が建設された」と謳われた。 ②アッバーサーバード建設(59頁頭注参照)。1611年5月初め，前年の対オスマン戦で生じたタブリーズからの難民のために居住区を建設。

●イスファハーン再開発——新市街（帝国中枢の緑園都市空間）の整備

※ Farshid Emami 2016 および 2019 をもとに作成。64 頁上・65 頁左上・69 頁頭注図版も同様。

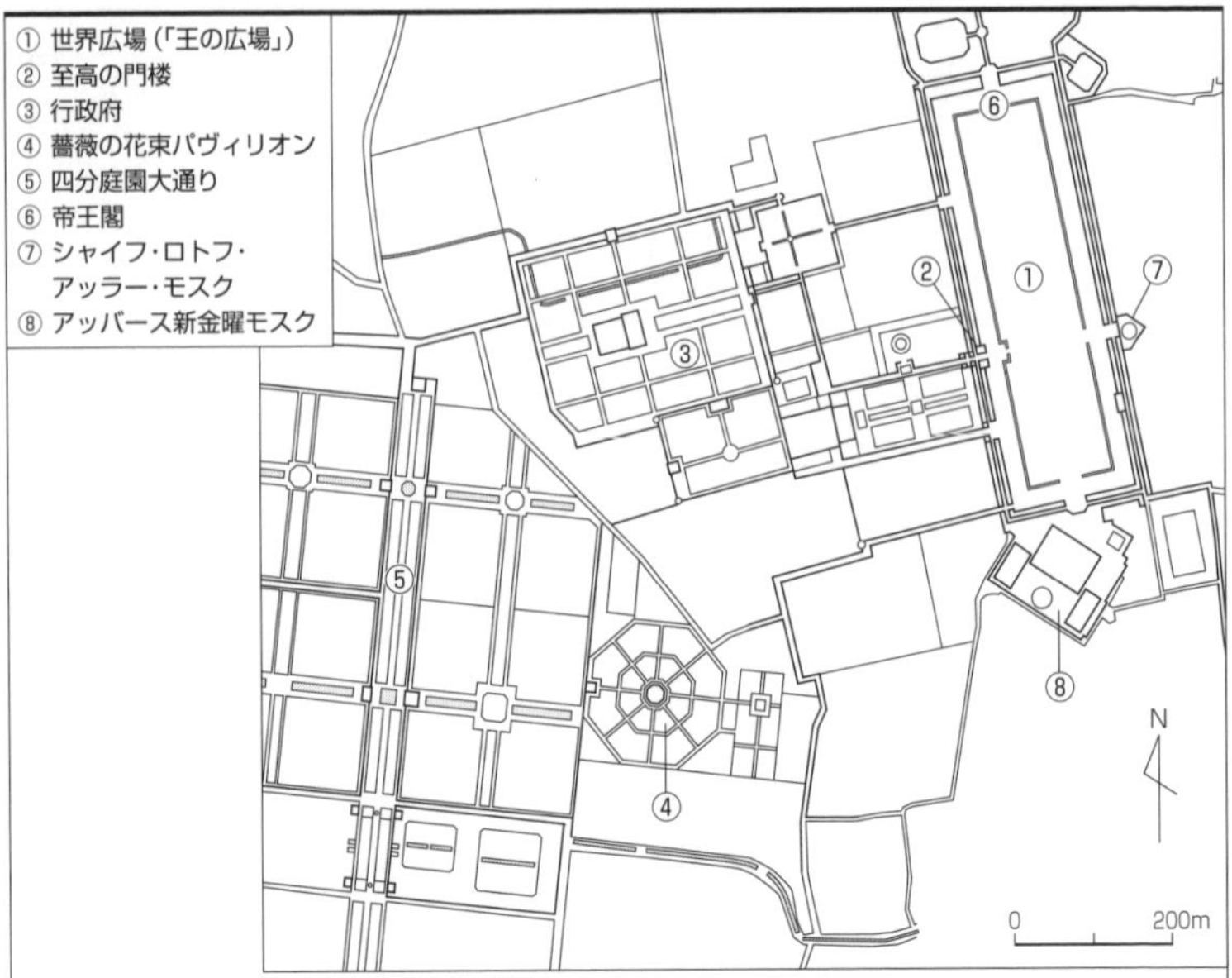

●世界広場とその周辺

帝国中枢の集まる緑園都市空間の中心は世界広場であった。この広場と行政府を結んだのが、五層構造からなる至高の門楼である。三～四層を貫くかたちで広場に面してバルコニーが設けられ、宴会などが開かれた。広場北面の帝王閣左手にはコーヒー・ハウス（六九頁頭注参照）が設置され、正面にアッバース新金曜モスク、左手にシャイフ・ロトフ・アッラー・モスク、右手に至高の門楼の光景を見渡すことができた。広場はまさに劇場であった。

●帝王閣

●北側からみた世界広場

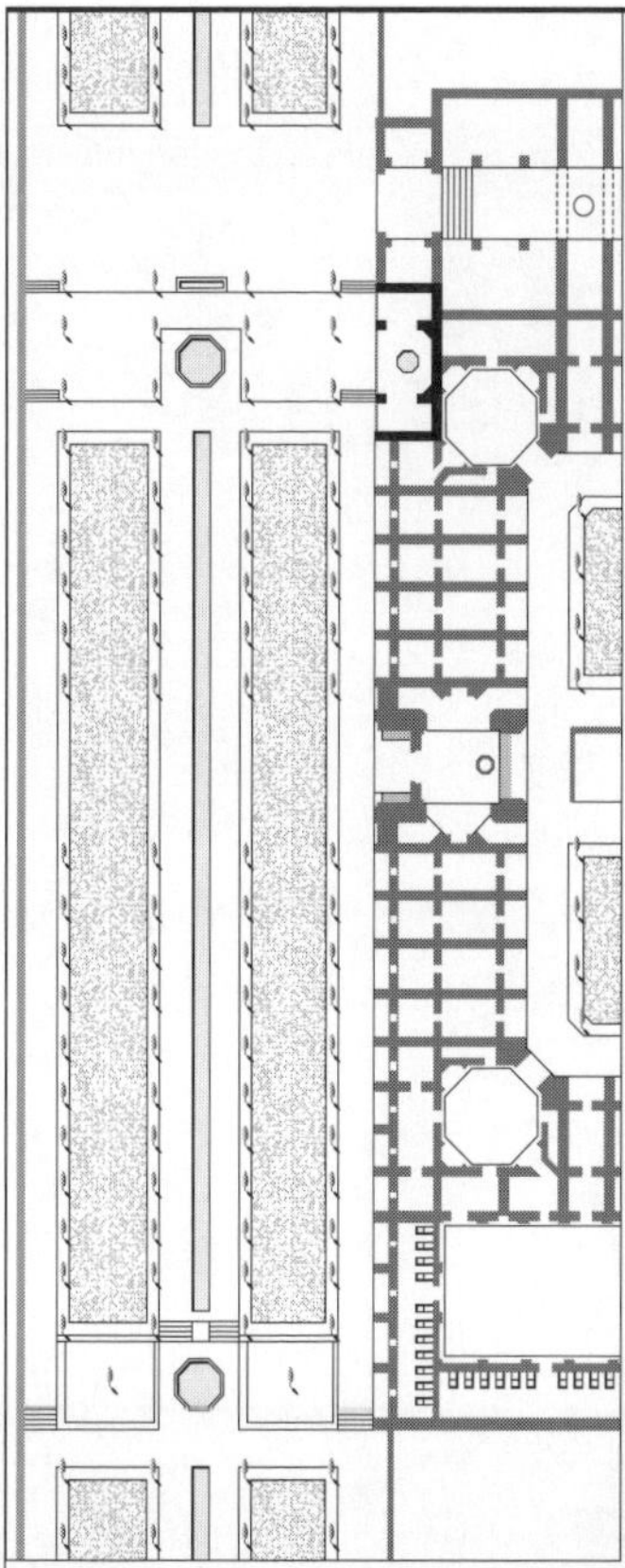

四分庭園大通り　通りの中央は水が流れ、階段を降りたところには噴水が設置されていた。「世界の半分」はまさに水の都でもあった。プラタナスが四列に生い茂り、桑の実庭園・葡萄庭園など、名前のついた庭園が四方に伸びていた。人々は木陰で休みながら談笑し、退屈するとコーヒー・ハウスに繰り出したことだろう。

八天宮（ハシュト・ベヘシュト、上）**とその内部**（左）

●—**街の人々**　ケンペル(五六頁頭注参照)が一六八四〜八五年のイスファハーン滞在中に街の絵師ジャーニー(自らをヨーロッパ風絵描きと名乗ったという)に依頼して描かせたもの。シャルダンによると、城壁内には一六二のモスク、四八の学問所・大学、一八〇二のキャラヴァンサライ、二七三のハンマーム、十二の墓地があり、娼婦も一万二千人にのぼったという。

●—**山羊使いを描いた絵**

●—**レスリング**

アッバース新金曜モスクの壁龕（モカルナス）

至高の門楼（アーリー・ガープー）

ために五〇〇〇人以上が動員された。

市民へ娯楽を提供する空間としての役割も広場ははたしていた。多数の曲芸師が活躍し、闘牛に加えて闘山羊も披露された。さらには生きたオオカミを人々ではやし立て追いかけまわす「オオカミ遊び」が興じられた。群衆がいっせいにオオカミを追いかけたり、逃げまどうさまはいささか滑稽でもあるが、見応えもあり、市民の娯楽にもなった。シャーや高官たち、客人らは馬に乗ってこのようすをながめながら、ワインをたしなみ果物を食した。広場に面したコーヒー・ハウスでも歌・踊り・朗誦などさまざまな芸事が披露された。

さらに広場は戦争の「前線」でもあった。オスマン朝との交戦を覚悟したおりにアッバースは、普段はかぶらない冠を官人にかぶるように命じた。そして、謁見せずに待たせていたオスマン大使を広場に呼びつけた。公衆も集まるなか、シャーはまずは控える大使に気づかないかのように談笑しながら馬を歩かせ、偶然のごとく前を通りかかった。すると大使が手紙をわたそうとしたが、受け取りを拒否してオスマン朝の非を声高に説いたという。群衆は興奮し、サファヴィー軍のかけ声でもある「アッラー、アッラー」をいっせいに叫んだ。戦争が勝利に終わると、シャーは広場やバーザールをランプで飾るように命じた。光の祝祭は街を昼のように煌々といろどり、見物にくりだす高官や後宮の婦人たちを慰撫した。そして、広場や町中で、オスマン捕虜が公開処刑されることもあった。このように、王朝政治と社交が面前でくりひろげられる劇場空間としての機能を広場ははたしていた。

コーヒー・ハウスの賑わい――花開く大衆文化

イスファハーンでは、当代最先端の都市文化が花開いた。その中心もまた、市場と隊商宿、ハンマームなどが立ち並ぶ世界広場とその周辺であった。さらに、広場にはいくつもの特色あるコーヒー・ハウスが営業していた。そもそもイランにコーヒー▲が登場したのは十七世紀末のことであり、まさに当時最新の飲料であった。チューリップのような美しい顔をして薔薇のように頬を染めた美少年がコーヒーを給仕する▲。詩人の想像力を刺激し、コーヒーは人生という泉を取りかこむ暗闇を象徴するかのようだとうたわれた。人々は散策の途中で自由に立ち寄り、ときには外国人使節も招かれ、迎賓館のような役割もはたし

▼コーヒー　コーヒーを飲む習慣は十四世紀ないし十五世紀頃にイエメンで始まったとされ、当初は神秘主義教団の祈禱のさいに眠気覚ましとして用いられた。十六世紀中に中東で広く普及し、イランでは「アラブ人のワイン」とも呼ばれた。コーヒー・ハウスは同世紀末にはイランにも出現したが、男娼の温床としても知られた。

▼コーヒー給仕係（カフヴェチー）　名匠レザー・アッバーシーによる、新興のコーヒー文化を描写した貴重な一葉。敷物の上に膝をついて重々しい質感のコーヒーポットから中国風文様の椀にコーヒーをそそぎ、今まさに客にいれ立てを提供しようとする美少年。ガラスを多用するワイン文化とは目にも鼻にも口にも大きく異なる新文化であった。

た。さらにワイン居酒屋と中国茶屋も軒を連ねて、のちのパリ・シャンゼリゼも顔負けのお洒落な区画が現出した。オーナーにはアルメニア人もいれば、ヴェネツィア人もいたという。

一六〇三年には、アッバースのためのワイン会も開かれた。イスラーム法はワインだけではなく、酩酊させるアルコール類を禁止しているが、それはあくまで建前であり、伝統社会では飲酒やアヘン吸引▲は一般的な光景であったことも知られている。サファヴィー朝でも、ワイン飲酒は禁令が時折出されたが、逆にいえば普段は厳禁にはほど遠く、アッバースは医師にワイン飲酒の効用を説く書簡の執筆を命じるほどであった。とりわけシーラーズとグルジアのワインは名高かった。コーヒー・ハウスとワイン居酒屋の隣接は「合理的」というのも「コーヒーは二日酔いにきく」からであった。オランダ東インド会社の記録によれば、一六三四年には一〇万客のコーヒーカップがバンダレ・アッバースへと送られている。アッバースはほぼ毎晩のようにコーヒー・ハウスを訪れたという。世界広場で夜通し光り輝く一角、それがコーヒー・ハウスであった。ドイツ人使節の報告では、卑猥な踊り目当ての人々がワイン居酒屋に集う一方、

帝王閣左手に設置されたコーヒー・ハウスの構造図

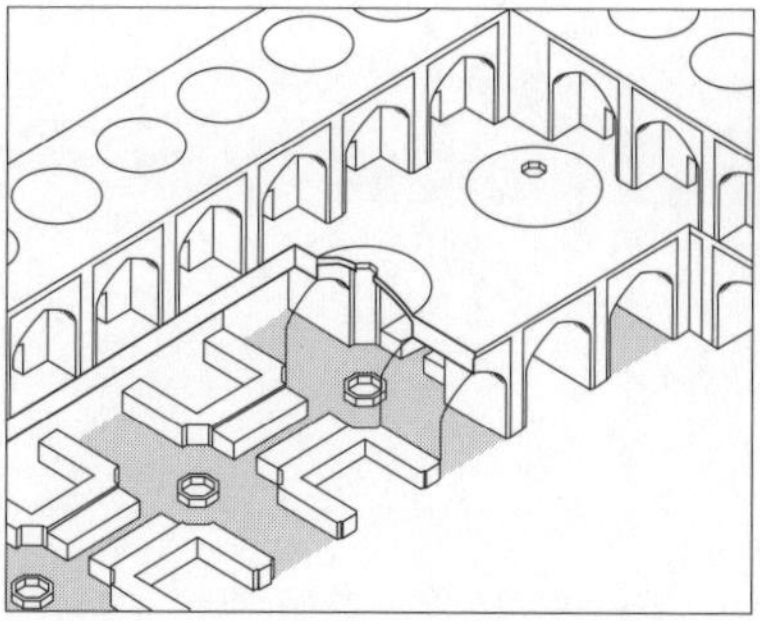

▼アヘンと飲酒　アッバースはときにはアヘンや酒の禁令を発したが、きっかけは自身の病であったり、兵士が酒に大枚をはたいてばかりであったことなどからで、規律の引き締めがおもな目的であった。

▼バーバー・シャムセ・ティーシー・シーラージー（生没年不詳）
出身地であるファールス地方の中心都市シーラーズで、レスリングや双六、歌謡などの遊興施設を運営していたが、イスファハーンに進出してアッバースの命でコーヒー・ハウスの経営に乗り出した。当代名うての興行師・経営者でもあった。

中国茶屋では人々は外国製の温かい飲み物を手にチェスや双六に興じ、またコーヒー・ハウスではタバコをくゆらしコーヒーを飲んでくつろいだ。東方からやはりこの頃に伝わった茶は、タバコやコーヒーとともに薬効が注目されていた。旧市街の賑わいも衰えをみせなかった。中央アジアからの旅行者は、旧市街に実に百軒ものコーヒー・ハウスが軒を連ねていたと記している。もっともこちらはアヘンで有名だったというのはらしいというべきか。コーヒー・ハウスとパン屋もセットであり、人々は軽食を楽しんだ。「コーヒー前」という名の朝食も十七世紀末には定着していたという。

緑あふれる憩いの場である四分庭園大通りにも、一六〇三年、コーヒー・ハウスが開設された。東屋《あずまや》を兼ねていたのであろう。音楽の名手で詩人としても知られたバーバー・シャムセ・ティーシー・シーラージー▲のために、アッバース自らその建設を指示した。その横にはワイン居酒屋が開設された。たとえ禁令中でも、そこでの飲酒は罪にならなかった。手に印が押され、取締りの対象外となった。アッバースはこの店で働いていたギャンジー（秘宝）という名の若者を好み、足繁くかよった。ちなみにアッバースはコーヒーに生姜をいれるのが好みであった。生姜の熱がコーヒーの冷たさに調和したからというが、加えすぎでかえって体に悪いと詩人に皮肉られてもいる。

世界広場のコーヒー・ハウスでは同時に何人もが朗読の会を開くことが可能であり、『王書』▲の韻文朗誦の会もたびたび開かれた。ある店主は多くの美少年を雇用し、一人ひとりのテーマソングまで作曲した。コーヒー・ハウスはまさに新たな大衆文化を象徴しており、アッバース期に花開いた都市文化の華であった。ある高名な写本の装飾作家はコーヒー・ハウスに「住んでいた」。中央アジアのサマルカンドから来朝した詩人はコーヒー・ハウスをたどって土地の文人とまじわりながら旅を続けた。名匠サーデギー・ベグ▲の一葉絵購入を望んだインド人商人は、コーヒー・ハウスに行けば本人と会うことができた。

女性だけの「巨大ディスコ」

都市はジェンダーの映し鏡としても機能した。帝国政治空間の中心であるイスファハーンについては、とりわけジェンダーにまつわる当時の社会観念や行動に関するさまざまな記述が残されている。シャーが行幸するさいには、お付

▼**『王書』**　ペルシア語ではシャーナーメ(もしくはシャーナーマ)。十一世紀初めにフェルドウシー(九三四〜一〇二五)によってまとめられたペルシア語の叙事詩・英雄譚。イラン民族文化の象徴ともされる。サファヴィー朝期にはきらびやかな写本が多数製作された。

▼**サーデギー・ベグ・アフシャール**(一五三三〜一六一〇)　サファヴィー朝を代表する画家の一人。キジルバーシュの有力部族アフシャール部の出身。チャガタイ・トルコ語とペルシア語の双方で著作を残した。アッバースの治世当初、王宮の図書館長も務めた。

▼**アッラーヴェルディー橋**　ザーヤンデ川にかかる名橋として知られる。一六〇二年に完成し、盛大に祝われた。全長は約三〇〇メートルで、三三のアーチから三三橋(シオセポル)とも呼ばれる。

▼**レザー・アッバーシー**(一五六五〜一六三五頃)　アッバースの御用絵師で、当代を代表する画家。同じくサファヴィー朝宮廷に仕えた父のも

きの者は「クルグ(禁制)!」とトルコ語で叫び、男性の立ち入り禁止をふれてまわった。騎乗するシャーを先頭に、その後に王宮の女性たちが騎乗あるいは黒人宦官の担ぐ輿に乗って登場し、騎乗の白人宦官が続いた。イスファハーンには女性専用の狩り場もあり、男性は二キロ以上離れていなければならなかった。王朝創建時には女性も騎乗して戦ったというサファヴィー朝では、アッバースの時代に女性を「隠すように」なったとされる。王朝の「視覚化」「劇場化」さらに「大衆化」が進んだことも一因であろう。もっとも国運がのぼり調子で変革期でもあったアッバースの時代、女性たちは外にでて首都の賑わいを大いに楽しんでいた。たとえば、「巨大ディスコ」の設置である。

一六〇七年、アッバースの命を受けて、市場は女性だけの空間に数日間変貌した。すべての商店はオーナーの親族の女性か、もしかわる者がいない場合は着飾った宦官がその相手をした。翌年からは毎週水曜日に四分庭園大通りとアッラーヴェルディー橋▲を女性のみに開放するよう定められた。一九年にはシャーの帰還にさいして街中の女性が出迎えるように命がくだり、数千の灯籠、甘いお菓子が振る舞われ、祝祭を現出させた。市場の入り口では宦官がヴェールとで絵を学び、斬新でモダンなスタイルの人物画などを残した。また多くの弟子も育てた。

レザー・アッバーシー作「フランク（ヨーロッパ）**人の青年」**（一六三四年）

のなかを確認して「美女」のみ入場を許したという。男性の目を逃れて、三〇〇〇人もの女性たちがヴェールを取り、光と鏡の饗宴に朝まで興じた。すなわち世界広場は「巨大ディスコ」と化したのであった。ちなみに現在のイランでも婚姻のさいには女性のみで宴会をおこない、そこでは新郎のみが入場を許される。ヨーロッパ人旅行者は、いわばシャーの「大奥」に入ることができるこうした機会を、街の女性とその家族が待ち望み、ときには馬上のシャーに列をつくって追いすがったとさえ記している。

花開く芸術と学問

「世界の半分」と呼ばれた王都イスファハーンは、まさしく一つの画期をつくりだし、その影響は芸術や学問にまでおよんだ。近世イラン絵画史上もっとも華やかな時代に活躍した代表的な絵師こそ「アッバース様のレザー」ことレザー・アッバーシー▲である。彼はアッバースの現実主義が乗り移ったかのような色気のある新しいスタイルを確立した。アッバースの死後も、ヨーロッパの遠近法などのスタイルを大胆に取り入れたアリーゴリー・ベグ他、多数の著名

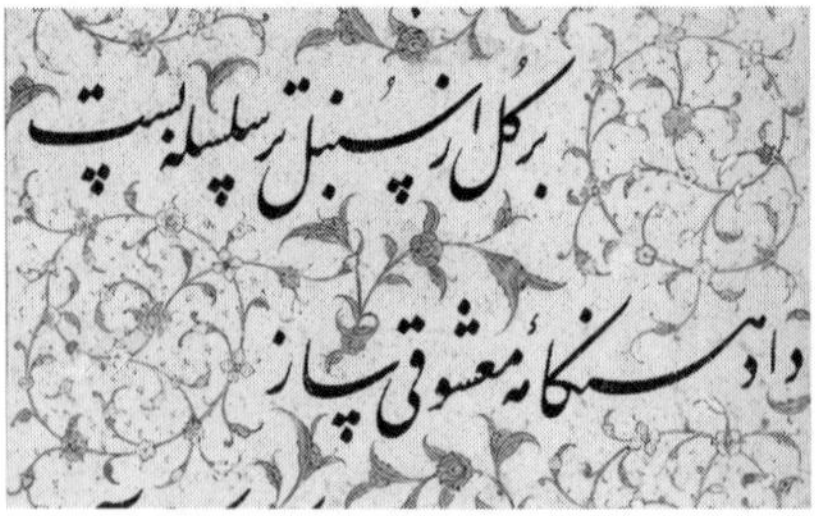

▼アリーレザー・アッバーシー・タブリージー　一五九八年に王立図書館長に就任した希代の名筆家。アッバース新金曜モスクと祝福のモスクという世界広場の二つの主要な宗教建造物に碑文を揮毫した。七つの書体につうじ、とくにルクア、スルス、ナスターリークに長じていた。王自らがかたわらで蠟燭ランプをもち、光を照らして画業を助けるなど特別の恩寵が与えられ、「シャーに寵愛されるもの」(シャーナヴァーズ)の称号も得た。

画家が活躍した(七六頁頭注参照)。

　注目すべきは「個の時代」ともいうべき新しい社会現象である。十六世紀には、王族は芸術のパトロンとして、競い合って芸術大作(アルバム)を発注していた。自ら絵筆をとることもあったタフマースプ一世に献呈された『王書』画集は傑作として名高い。わずか一年ほど統治しただけのイスマーイール二世も優れた『王書』を遺した。しかし、四〇年以上も君臨し、対外戦争で勝利をかさねたアッバースに捧げられた大作画集は知られていない。アッバースは建築を好んだが、それは建造物が直接的に空間を支配して臣民に「見える」からであり、一部のサークル向けに自らの権力をひけらかしたり、外交の土産物(タフマースプの『王書』はオスマン朝スルタンに贈られた)に莫大な資金をつぎ込むことは彼の性格に合わなかったのかもしれない。なによりも、直臣を中心とする集権化した国家では、シャーがほかの王族と競い合う必要もなかった。

　御用絵師にとってはパトロンを失う危機的な状況ともいえたが、大作に時間をとられることなく、有能な絵師たちは自らの絵筆を世に問うことが可能になった。この時代以降、一枚書きの絵が流通しはじめる。また、絵画と書道を集めた画集の形式も広まった。それまで主流であった絵巻物に対して、絵はテキストから離れて自立し、市井の人々がより描かれるようになり、サインや日付も記されるようになった。つまり、一葉の絵そのものとしての商品価値があがったのである。これもアッバース流の「自由化」と「大衆化」の成果であり、近世帝国としてのサファヴィー朝の一面をよく示しているといえよう。書道でも、やはりアッバースの庇護を受けたことを誇るアリーレザー・アッバーシー▲が活躍した。手工芸品も高度に発達し、この時代に輸出された美しいペルシア絨毯や陶器は、現在世界各地の美術館に展示されている。

　サファヴィー朝期には学問もまた花開いた。とくに哲学の世界では神秘主義的色彩の濃い思想を重視する一派が活躍した。超感覚的直感によって得られた絶対者(神)との合一体験を重視し、研究史上、「イスファハーン学派▲」と呼ばれている。政治的にはスーフィーを弾圧したアッバースであったが、思想の内面の自由には踏み込まなかった。修辞表現に技巧を凝らすペルシア文学もこの時代に発展した。アッバースの時代はまさに市民が都市文化を享受して、思索にふけった時代でもあった。

礼拝用の敷物　織物製作でも、サファヴィー朝は一つの頂点をむかえた。

▼イスファハーン学派　代表的な哲学者として、アリストテレスとファーラービーにつぐ「第三の教師」と呼ばれたミール・ダーマード(一六三一没)があげられる。哲学の世界でも大きな業績を残したシャイフ・バハーイー同様、アッバースと近しい関係を築き、サフィー一世即位のさいには、イスファハーンの金曜モスクで礼拝を主導した。ほかに、モッラー・サドラー(一六四〇没)らが知られる。研究史上、シーア派ルネサンスの到達点ともいわれる。

アリーゴリー作「王子と貴婦人」(一六七〇年頃)　サファヴィー朝後期を代表する宮廷の官僚であり画家のアリーゴリーの作品。洗練されたスタイルは、六六頁の街の絵師の作品との対比が鮮明である。

▼ナスロッラー・ファルサフィー(一九〇一〜八二)　二十世紀イランを代表する歴史家・翻訳家・詩人の一人。浩瀚なアッバース一世の伝記を残した。当時は未公刊のペルシア語写本のほか、西洋諸語の旅行記の情報もふんだんに用いられている。

素顔のアッバース

ところで、素顔のアッバースはどのような人物であったのだろうか。アッバース百科ともいうべき大著を残したイランの歴史家ファルサフィー▲は、火と水がまじり合った性格と表現している。がっしりとした体軀で、指は短く手は丸く、顔は額が狭く、鉤鼻《かぎばな》で頰が尖っていたという。目の色は緑で、鋭くキラキラ輝いていた。口髭をたくわえ、顎髭は伸ばさなかったことは前に述べたとおりである。ピエトロ・デッラ＝ヴァッレが目撃したアッバースの出で立ちは、あざやかな緑色の外套をまとい、すみれ色のズボンとオレンジ色の鮫皮靴をはき、銀のストライプの入った赤いターバンをかぶるという極めて派手なものだった。黒の鮫皮の鞘に柄が白い骨(おそらく魚の歯)でできた大刀をさげていた。ターバンは前後を逆にかぶっていたというが、シャーのみがこのようにかぶることができたという。どこからでもその人とわかる出で立ちであっただろう。ただし、普段の身なりは質素であったともいわれる。

アッバースは市井の人々とまじわることを好んだ。お忍びでの視察の最中、市場の様子についてたずねたときのことである。まさかシャーその人と思わなかった牛乳売りは思わず「ひどいもんだ！　泥棒が跋扈《ばっこ》してるよ！　俺ならすぐに捕まえるのに」と愚痴をこぼしてしまった。彼は翌日王宮に呼び出されたが、処罰を受けるどころか、市場の治安維持の責任者に取り立てられたという。また、シャーの寝所に忍び込み、貴重品を盗んだ者がとらえられ、御前に引き出されたときのことである。犯行の手口を細かく披露し、アッバースが二人の側女と戯れるようすものぞき見ていたと述べる犯人に、アッバースは感嘆して赦免するだけでなく、出仕も許した。ほかにも物乞いを将兵に取り立てるなどの逸話も伝わっている。▲一方で、慎重な性格であり、寝所を一〇近く用意させて毎晩変えたり、移動にさいして少ない供回りで別の道を進むなど、隠密行動を好んだのも暗殺のリスクを軽減するためだったとの説もある。いずれにせよ、臣民も、行く先々でアッバースを「シャー様万歳（ゼンデバードシャー）！」の声でむかえた。アッバースも王者にふさわしく、つねに臣下への施しを忘れなかった。イスファハーンでの盛大な祝祭のほか、浴場を薔薇の花で満たすゴルリーザーン（「花を散らすこと」）は行幸のさいに地方でもおこなわれた。

アッバースについて、史料から浮かび上がるのは、誰よりも働き、誰よりも

▼アッバースとガザール　アッバースとアルメニア人女性の逸話も伝わっている。アッバースは新ジョルファに行幸したさい、シャーをかこんだ女性たちの集団から、ガザール（カモシカ）という名前のアルメニア人寡婦を宮廷に連れて帰った。彼女は宴のさいにつねに歌と踊りを披露して大いに寵愛されたが、遠征中に教会に赴いて出家してしまった。後年、街で尼僧姿のガザールを偶然見かけたアッバースは、彼女を宮廷に呼び寄せて、誰もキリスト教信仰実践の邪魔をしないこと、国庫から生活費を与えることを命じた勅書を与えたという。

遊ぶ、精力的で活発な姿である。アッバースは忙《せわ》しなく各地を視察し、気に入った土地があればすぐに購入して建物を建設した。たとえば、ある縁地を気に入るとすぐに五〇〇人の人足と二〇人の親方を招集して庭園の建設を開始し、三日で土地は整地され、隊商宿が建設された。庭園にタイル職人（カーシーカール）たちを集めて面会し、自ら褒美を授けたという。イスファハーンでも、四分庭園大通りで水祭り（アーブリーザーン）を催した翌日には庭園に行幸し、牛と羊を闘わせてこれを観覧した。さらにその日のうちに工房を視察し、そのまま軍営に向かうといった次第である。アッバースは大理石など石材にも精通し、井戸を掘るにも自ら視察をかさねた。銀の釜を用いて「おめでたい手」で調理し、臣下に料理を振る舞うこともあったし、アッバースがマッサージすると六年間不自由だった足が健康を取り戻した逸話など、超人的な力をもつ「癒しのシャー」としても臣民にしたわれた。長年続いたアフガン勢力の侵入に自らは一度も出陣しなかった事実上最後のシャーのスルタン・ホセイン（九五頁頭注参照）と好対照である。そして、アッバースの周囲には多くの知恵者も存在していた。▲

▼アッバース新金曜モスク着工の逸話　一六一一年春、アッバースは新モスク建設のため建築家に二〇〇〇トマンを与え、建設が開始された。ところが建設予定地に住むピール・ザール（老ザール）という男がどうしても家を売らなかった。それでもシャーは同意なしに家に手をつけるなと厳命した。困った建築家は隣接地にみごとな庭園つきの素晴らしい家を建てて、近所だという理由でピール・ザールとその息子を招待して宴を催した。「うちには流水の庭園などないなあ、この家が自分のものならなあ」とピール・ザールがつぶやくや否や、建築家は「この家はあなたのものです」と贈呈して、庭園ごと土地と交換し、ようやく工事は着工したという。

▼アッバースの語学力　御前にスペイン大使とオスマン大使が同席したさいのことである。アッバースはオスマン大使にさとられないようにグルジア語を理解する通訳を介して

幼い時は勉強嫌いで、教師から逃亡した逸話も伝わるアッバースであるが、知的好奇心にあふれる人物であった。ある時、庭園に雀が大量に地面に落ちている現場を目撃し、理由を推測して熱心に語ったという。また、五年戦争の最中には、任地に戻る総督の在所に出向いて、統治の規則・習慣や、民衆・軍人との付き合い方について講義した。キリスト教に大きな関心を寄せていたことも知られている。とくに語学に秀でており、グルジア語のほか、諸言語につうじていたといわれる。▲近年の研究から、イスファハーン再開発の最初期に図書館も建設したらしいことが明らかになった。芸術や学芸の保護者としてその重要性と影響力を青年期から決して軽んじていなかったのである。フェルドウシーとハーフェズ▲の詩を好み、宮廷でも『王書』詠みを高額の俸給で雇っており、楽師は宴席を盛り上げた。▲また、巡礼のさいに彼が詠んだ詩なども残っている。

もっとも、詩人として知られた曾祖父イスマーイールや画家でもあった祖父タフマースプとは異なり、無二の実務家であったことも確かである。もてなし好きで陽気な人柄が伝わる一方、アッバースは軍規など規律には厳格であった。史料中にもそれを裏づける記述が数多くある。側近たちに出陣を命じたさい、

スペイン大使に声をかけたという。サファヴィー朝では一般に宮廷の言葉はテュルク語であった。ただし、後宮にはグルジア人やチェルケス人の女性が多く存在し、多数の言語が飛び交っていたことだろう。また、アッバースの語学力には尾ひれがつき、ヨーロッパ人・ロシア人・インド人ともそれぞれの言葉で会話したとも伝わっている。

▼ハーフェズ(一三二六?〜九〇頃)　シーラーズ出身で、恋愛叙情詩と神秘主義叙情詩を融合した中世イランを代表する詩人。ドイツの文豪ゲーテにも影響を与えた。ハーフェズ詩集を利用した占い(開いた頁の詩の意味を読みとく)は現在もさかんである。

▼アッバースと音楽　アッバースは音楽をとくに好み、ときには自ら楽器を演奏したという。ポルトガル人やグルジア人に聖歌を歌わせておおいに気に入ったという話も伝わる。打楽器タンブールの名手で歌唱にも優れ、宮廷人としても出世したミール・フェイズ・アッラーなど、アッバース期の著名な歌い手の名前も伝わっている。

鷹匠を描いた図(十六世紀)

▼アッバースと狩猟　同年には別の場所で二万匹の漁獲をあげたり、イスファハーン近郊の狩り場において一日で一〇四羽の鶴、一八〇羽のアヒル等、一七〇羽の鴨を仕留め、別の機会には二日二晩で総計五四八八羽を射止めた。この年の狩りはまだ終わらない。別の場所で三七〇羽の鴨、八五羽のガチョウ、二一羽の鶴を仕留めている。

一部の近臣は高をくくっていたが、アッバースが驚きの目で見つめると皆慌てて出立した。それでも「自分はアミール(高官)なので別に指示をください」とのたまう者がいた。アッバースはこれをとらえて手を縛り、その場で首をはね、将軍でも容赦しない旨を言明した。また、軍規を取り締まる責任者が、農地に入ってはいけないという禁令を破って木の陰で休んでいた兵卒の耳をそぐと、アッバースはこれを高く評価したという。硬軟おりまぜて事にあたる複雑なパーソナリティーが垣間見える。

多彩な顔をもつアッバースであったが、特別に好んだのはなんといっても狩りであろう。オスマン朝との死力をつくした五年戦争を勝ち抜いたアッバースは、その翌一六〇八年四月に、一五〇〇騎のキジルバーシュと三〇〇〇騎のゴラームを従えて丸五日間、「まるで獅子のごとく」狩りをおこなった。シャー自ら挙げた戦果は野牛五七頭、猪九五頭、豹三頭、ジャッカル二頭、狐五五頭、野生の猫五一頭にのぼり、一団は約一万羽の雉子《きじ》も射止めた。同年、視察の最中に二日間漁にでて二万匹以上の漁獲をあげ、すべてのテントに配分した。ちなみに稚魚は放流して取りつくさないよう注意をはらった。このほかにも、毎

狩り場でインド大使に接見するアッバース一世（中央）

月のように大規模な狩りが記録されており、▲シャー自身も一矢で多くの獲物を仕留めた。愛馬の名前も複数伝わる。剣術・射撃など武芸全般にもつうじていたという。

精力的なアッバースは、肖像画などを見ると、偉丈夫で武勇に優れた王者というよりも、中背の優男《やさおとこ》である。偏見や迷信を恐れず、好奇心に満ち、自由を愛し、美しい建物と庭園を手ずからつくりあげた。一方で政治的には保守的で細心かつ慎重。伝統と規律を重んじ、自らの意のままにならないものは破壊しつくす。先頭に立ってレジャーにも勤しむが、マメで忙しい男でもあり、部下にもそれをつねに求めていたことだろう。気に入られれば出世も莫大な富も思いのまま、しかし、それも命を預けてのことであったのは往時の倣いである。

シャーとの宴

アッバースの個性を知るためにも、イタリア人ピエトロ・デッラ＝ヴァッレに再度登場してもらおう。開かれた公共空間であった広場に対して、シャーの宴席は招待制の閉じた空間であった。一六一八年、デッラ＝ヴァッレはシャーの離宮がおかれているマーザンダラーン地方に赴き、接待役らに働きかけた結果、宴会に招かれて謁見の機会を得た。宴会では席次が重要である。デッラ＝ヴァッレは、現地の総督を務めていたチェルケス系有力ゴラームのフェリードゥーン・ハーンと、シャーの婿でもあり、軍では最高位のコルチ軍長官を務めていたイーサー・ハーンの間に着席したと記している。たいへんな厚遇ぶりといえよう。一七〜二〇歳くらいの髭のない小姓がマーザンダラーンの服を着て給仕した。宴席では、ヨーロッパには一〇〇〇年、二〇〇〇年の長寿者がいて、シーア派初代イマームのアリーを殺害した人物がいまだ健在であるのは本当かとたずねられるなど、トルコ語を話す風変わりな客人に高官たちは好奇の視線をそそいだ。

　夕刻になると、アッバースが宴会場に入場した。拝謁の栄誉に与るものは、両膝をつき、出された右足にキスをして顔をつける行為を三度繰り返した。デッラ＝ヴァッレも、コルチ軍長官に促されてシャーの方へ向かうが、足下に口づけするのは教皇のみであるからと躊躇すると、察したシャーが差し出した右腕にキスをした。この頃、コサック▲集団がアッバースに使いを送っており、宴

▼コサック　トルコ語で「流れ者」を意味し、ペルシア語ではガザーグと記される。カザフも同一語である。ロシア史におけるコサックはスラヴ系逃亡農民やテュルク系遊牧民などがまざって形成された集団と考えられる。十七世紀には今日のウクライナ地域におけるコサックの活動が盛んであった。おそらくカトリック国ポーランドを念頭において、デッラ＝ヴァッレはサファヴィー朝とコサックによる黒海をはさんだ反オスマン同盟などを構想していた。

会で座を囲んだ貴顕にクリミア・ハン国の王族やコーカサス地方ダゲスタン▲の君公もいた。大きな宴席ののち、デッラ＝ヴァッレは光栄にもシャーならびにカラバフ総督の三人だけで飲む機会を得た。酒に弱かったデッラ＝ヴァッレであるが、少しくらい酔っても害はないだろうとシャーは杯をかさねて勧めた。同席したカラバフ総督の渾名《あだな》が「狂人」であったため、シャーはイタリア語での呼び名をデッラ＝ヴァッレにたずねると、気に入って繰り返しその言葉で総督をひやかした。宴の終わりには、シャーは柱に寄りかかりながら、楽人の調べに一人で耳を傾けていたという。酔いを覚ましていたのだろうが、どこか孤独な姿でもある。おそらく冷徹にデッラ＝ヴァッレを値踏みしたシャーは、ふたたびこの珍客と親しく言葉を交わすことはなかった。それでも、巻き狩りからしばらくして、デッラ＝ヴァッレに獲物一頭を贈るよう指示するなど気配りを絶やさなかった。アッバースの細やかな神経を示すエピソードといえよう。

▼ダゲスタン　コーカサス北東部の地域で土着の君侯はサファヴィー朝に臣従した。名称は「山岳地」を意味し、今日も世界的な多言語地域として知られる。王朝末期の大宰相ファトフアリー・ハーンはダゲスタン君侯の子孫にあたる。

シャーとの宴　デッラ＝ヴァッレの旅行記より。壁側に楽人が並び、演奏している。

リュートを奏でる女性

⑤―ハウスホールド帝国の光と影

帝国の再編と過酷な辺境政策

北西イランの旧領を奪回し、首都イスファハーンに新金曜モスクを建設した一六一一年にアッバースは四〇歳の壮年をむかえ、さらなる国家統合に邁進した。ただし、今回は外敵ではなく、帝国の「内側」を改造する痛みのともなうものであった。すでに一六〇九年には、アッバースはアゼルバイジャン地方のクルド人に対してオスマン朝への協力を口実に大規模な弾圧に乗り出し、抵抗した部族は容赦なく殲滅された。クルド人は十七世紀後半には大宰相を輩出するなど、サファヴィー朝の支配エリートに組み込まれるが、一方で、諸勢力の代理戦争の先兵に用いられるなど、この時代以降、さまざまな分断に苦しむことになる。

さらにこの頃、アッバースの後見をあおいでいた東部グルジアのカヘティ王▲テイムラズ一世▲とカルトリ▲王ルアルサブ二世が中央宮廷への出頭を拒否するという事件が起こった。これに対して、アッバースは一六一三年に大規模な遠征

▼**カルトリ王国とカヘティ王国**　グルジア王国は、十五世紀末に東部のカルトリ王国とカヘティ王国、西部のバグラティオニ王国の三つに分裂した。東部の二王国はサファヴィー朝の属国としてその影響下におかれ、アッバース期以降、ムスリムに改宗したバグラティオニ家王子がヴァーリー（太守王）として統治者に任命された。

▼**テイムラズ一世**（一五八九〜一六六三）　グルジア東部カヘティ王国の王。アッバースの庇護のもとで王位につくが、一六一三年以降、約半世紀にわたって帰順と反乱を繰り返した。終生キリスト教信仰を捨てなかった。一六六二年に西グルジアでとらえられ、カスピ海沿岸に幽閉されたのちに死去した。

▼フェレイダーンのグルジア人　アッバースによってイラン南東部のザグロス山中フェレイダーン（ペレイダニ）に強制的に移住させられたグルジア人の集団は、郷里との接触が断たれたために、四〇〇年後の今日も移住当時の古いグルジア語の方言を保っている。

フェレイダーンの風景

軍をグルジアに派遣したが、現地勢力は抵抗を続けた。一五年に再度大規模な反乱が起こると、アッバースはとくにカヘティ王国の住民を根こそぎイラン内地に強制的に連れ去った。▲サファヴィー朝の台帳に記録されたものだけでも一〇万人以上とされ、『世界を飾るアッバースの歴史』に「イスラームの歴史が始まって以来」と記されるほどであった。こうした人々は新たに整備されたマーザンダラーンの二つの離宮周辺や、イスファハーン近郊の街道ぞいなどに土地を与えられた。コーカサス地域、とくにグルジア諸王国に対する極めて攻撃的な施策は、アッバースにとってオスマン国境地域に対する見せしめという安全保障政策であり、同時に宮廷ハウスホールドが管理する人的要素の数的および面的拡大政策でもあった。同じ時期にアッバースはアルメニア教会の総本山エチミアジンをエレヴァン近郊からイスファハーンに丸ごと移転させようとさえ目論んだ。アッバースによる強烈な集権化政策は、四〇〇年後の現在も現地において国家的悲劇として記憶されている。

辺境への遠征は単なる地方への懲罰だけではなかった。アッバースの長子サフィー王子は一六一五年に暗殺された。王子は父親の真似をして首都の浴場で薔薇風呂をおこなって叱責されたり、シャーの決めた許嫁に対して子どもの頃にぶたれたとして結婚を拒否するなど、親に手を焼かせる息子であったが、鷹揚な人柄で人気が高かったという。複数の史料は、この暗殺はアッバース直々の命令であったとしている。同じ時期に二〇年間コルチ軍長官を務めたアッラーゴリー・ガージャールが失脚して処刑され、アッバースが後宮の諸事を委ねていた伯母のゼイナブ・ベイゴム▲も蟄居した。王子の側に仕えていた宦官の大立者も処刑された。また、グルジア遠征の直前にはグルジア系ゴラームの大立者アッラーヴェルディーが死去した。アッバースはその死期を予見したとの記述もある。陰謀の有無は明らかではないが、宮廷の勢力図が激変したことは間違いない。新しいコルチ軍長官にはアッバースの婿であるイーサー・ハーン▲が任命された。また、グルジア遠征ののち、首都イスファハーンの長官にはグルジア・カルトリ王子のホスロウ▲が就任した。初期に比べるとより名門登用に傾いているようにみえる。この時期以降、首都の長官職にはもっぱらグルジア王子がつくようになる。

　長期化するグルジア遠征のなか、オスマン朝はふたたびサファヴィー朝に対

▼ザイナブ・ベイゴム（一六四〇没）　タフマースプ一世の第四女。母はグルジア系。アッバースの師父アリーゴリーの許嫁であったが、政争の結果、後宮にとどまった。アッバースの後宮の最高実力者で、道路・橋・隊商宿・病院など多くの社会インフラを建設するなど経済活動のパトロンでもあった。

▼イーサー・ハーン（一六三二没）　サファヴィー家の一門であるシャイハーバンドの指導者。アッバースにより一六一四年にコルチ軍長官に任ぜられる。アッバースの娘婿でもあった。三二年に息子たちとともに誅殺された。

▼ホスロウ王子（一五六五〜一六五八）　グルジア・カルトリ王ダヴィト十世（ダウト・ハン）の庶子。イスファハーンのダールーゲ職を務め、サフィー一世の即位に尽力した。その功績からゴラーム軍長官職とロスタムの名を賜り、一六三三年にグルジアに帰還してカルトリ王として即位した。死去するまでカルトリ君主の座とイスファハーンのダールーゲ職を兼務した。

する大規模な軍事行動を起こした。一六一八年、迫り来るオスマン軍に対して、アッバースはタブリーズを破壊して徹底的な焦土作戦と持久戦に持ち込み、これを撃退した。この戦いでは、アッラーヴェルディー死後にゴラームの大立者となっていたアルメニア系のガルチャガーイが指揮を執った。この戦いののち、オスマン朝の本格的な脅威はようやく止んだ。

続く帝国拡大と統合策の揺り戻し

治世の後半をむかえてもアッバースは帝国拡大への歩みを決してとめなかった。運を味方にして時代の風を呼び込む天才の本領はその晩年にも発揮された。一六二二年六月、アッバースは兵を東南国境に向けて進め、ムガル朝の軍勢を退けてカンダハールの支配権を三〇年ぶりに回復した。この勝利と並行して、アッバースはファールス総督エマームゴリー・ハーンにホルムズ島の征服を命じていた。数年前に貿易特許を得ていたイギリス船が、サファヴィー軍の渡航に協力して、ポルトガルが一〇〇年にわたって支配してきた同島もアッバースの軍勢の手に落ちた。ヨーロッパ勢力内の宗派対立もたくみに利用したのであ

▼ガルチャガーイ・ハーン（一六二五没）　エレヴァン出身のアルメニア系ゴラームで、服飾庁吏員から小銃軍の指揮官に抜擢され、のちに「イラン軍総司令官」の称号をサファヴィー朝ではじめて得た。アッバースはガルチャガーイを「余の奴隷ではない。余の息子である」と述べるなど、寵愛した。タブリーズ総督、マシュハド総督を歴任し、彼の子孫もマシュハド総督職やゴムなどの聖地の管財人職を務めている。

▼エマームゴリー・ハーン（一六三二没）　アッラーヴェルディーの嗣子で後継者。二〇年近くにわたってファールス地方を統治し、帝国随一の豊かなアミールとして知られた。しかし、サフィー一世の治世期に弟がグルジア王と結んだ反乱に巻き込まれ、御落胤騒動もあって息子たちとともに処刑された。

る。カンダハールとホルムズの戦役により、アッバースはインドへつうじる海と陸の通商路支配を確固たるものにした。

この頃、オスマン朝はさらなる混乱にみまわれていた。一六二二年五月、若干二〇歳の若きスルタン・オスマン二世▲は、イェニチェリ軍団に殺害された。サファヴィー軍は西南方面へ進軍し、二四年一月、バグダードを陥落させた。祖父タフマースプが手放したシーア派聖地の多くを含むアラブ・イラク地方の再征服に成功したのである。アッバースはバグダード総督にサファヴィーゴリー・ハーン▲を任命した。彼はグルジアのアルメニア系名家出身で、アッバースによるコーカサス出身者のリクルート政策を象徴する人事であった。

順調に帝国は拡大を続ける一方、アッバースも老境にさしかかろうとしていた。一六二〇年夏、アッバースは高熱を発した。この時、ワインを禁止して、二一年八月にはキリスト教徒に大規模な強制改宗を命じるなど迫害の動きを強めた。また、健康問題と同時に浮上したのは、後継者の問題である。アッバースは、自らを王位に押し上げた「親王」制を早い段階で廃止していた。ピエトロ・デッラ＝ヴァッレによれば、アッバースは宮殿外に特別な館を与えて王子

▼オスマン二世（一六〇四〜二二）　オスマン朝第十六代スルタン（在位一六一八〜二二）。中央集権的な改革を志向し、イェニチェリ軍団の蜂起により幽閉ののちに殺害された。

▼サファヴィーゴリー・ハーン（一六三七没）　本名はミリマン・ミリマニゼ。グルジア王国南部でアルメニア人が多数を占めたソムヒティ地方の領主家系の出身。ゴラーム軍団の百人隊長、新ジョルファのダールーゲ、ハマダーン総督を経てバグダードを主邑とするアラブ・イラク地方の総督兼シーア派神殿の守備隊長に任命された。本家はのちのロシア帝国時代もメリキシュヴィリ（メリコフ）家として知られた大貴族であるが、シーア派に改宗した一族出身者は代々サファヴィー朝のエリート軍人も輩出した。

●——**ホルムズ島**　同名の海峡に浮かぶ小島。ペルシア湾とオマーン海峡の境にあり、インド洋交易の要衝として古来より知られてきた。マルコ・ポーロやイブン・バットゥータなどの大旅行家もこの地を訪れたとされる。

●——**ホルムズ島の征服**　城砦に立てこもる、つばの広い帽子を被ったポルトガル人の姿が見える。

▼**ギオルギ・サアカゼ**（一六二九没）　グルジア・カルトリ王国の豪族。首都トビリシの長官（モウラヴィ）職を務めた。姉妹がルアルサブ二世と結婚して大きな権勢をふるうが失脚し、サファヴィー朝に亡命した。アッバースの宮廷でも軍事遠征などで活躍する一方、グルジア侵略の口実を与え、かつての主ルアルサブを死に追いやったともいわれる。グルジアでは英雄か裏切り者かをめぐって現在でも議論が続いている。第二次世界大戦中には彼を主人公とする戦意高揚映画もグルジアで撮影された。

たちに質素な暮らしをさせていた。王子たちはつねにシャーの遠征に同行したが、将軍たちが到着すると、館をゆずって自分たちは野営をしいられ、外では決して誰とも話をしなかったという。アッバースが長子を誅殺したのち、遺された二人の息子たちも順に視力を奪われた。猜疑心だけではなく、王に権力が集中していく以上、ある種必然的な結果ともいえよう。ただし、アッバース期以降、サファヴィー朝滅亡まで、王位をめぐる内乱が一度も起こらなかったことにも注意しなければならない。

新たに拡充された王室ハウスホールド内部の軋轢も表面化した。アッバースは晩年までコーカサス地方の統合に力をそそいだが、強引な政策は一六二五年に意趣返しを受ける。騒擾は中央に直結した「辺境」のグルジアで発生した。アッバースはグルジア王族・貴族・キジルバーシュ・アミールらの婚姻政策をコーカサス・フロンティア政策の一環として進めていたが、この年、孫娘をグルジア・カルトリ王シモン二世に輿入れさせた。この婚姻では寵臣ガルチャガーイに花嫁の保護役を委ねた。グルジア側のホストには一〇年にわたってやはり側近として重用してきたグルジア豪族の大立て者ギオルギ・サアカゼ▲を指名した。アッバースはこの婚姻を利用して反抗的なグルジア人の皆殺しも計画していたとされる。

しかし、自らに忠実であったはずのサアカゼがグルジア人豪族を糾合して突如大規模な反乱を起こし、ガルチャガーイら軍高官は次々に討たれた。勢いに乗る反乱軍は、タフマースプ以来のサファヴィー朝の前進基地にして最大の地域拠点であったガンジャまで進出してこれを焼きはらった。この顛末は、二十世紀末に発見された新出史料『歴史の精華』▲に詳述されている。アッバースは、コーカサス系住民を自らのハウスホールドに取り込むことでサファヴィー朝を再建したが、この反乱はいきすぎた統合政策の副作用ともいえる。もっとも、アッバースの対応はこの時も機敏であった。まずは侍従長、ついでコルチ軍長官を派遣して反乱を鎮圧したのち、反乱軍に担がれたテイムラズと和解したのである。アッバースはかつてテイムラズの息子たちを去勢し、母親を処刑したが、事実上グルジアの一部の統治を委ねることで和睦したのであった。こうした諍《いさか》いにもかかわらず、宮廷内部に深く浸透したコーカサス出身者は、十八世紀前半のサファヴィー朝滅亡まで帝国を支え続けた。

▼**『歴史の精華』** 著者ファズリー・フーザーニーはイスファハーンの名家の出身で、自身がこのグルジア大反乱まで現地の行政官トップを務めていた。同時代となるアッバース期を記した第三巻が二十世紀末にイギリス・ケンブリッジ大学で発見された。カタログに別の写本名で記入され、長年眠っていたのであった。

▼**サフィー一世**（一六一一〜四二）
サファヴィー朝第六代シャー（在位一六二九〜四二）。アッバースの長子サフィー王子の息子。バグダードとカンダハールを失うもオスマン朝との講和を結び、国内に安定をもたらした。

▼**カーシャーン**　イラン中部の小都市。「信徒たちの街」の異名でも知られる。アッバース期に整備された優美なフィーン庭園は、イランを代表する庭園としてユネスコ世界遺産にも登録されている。

アッバースの遺したもの

アッバースは、一六二九年一月十九日、カスピ海沿岸のアシュラフで死去した。病身を押して狩りに出かけたことが命取りになったという。最後まで快活であろうとしたアッバースらしい最期ともいえよう。その死は必ずしも予期されたものではなく、付き従っていた重臣たちの混乱ぶりを史料は伝えている。都に残っていた首都長官のホスロウ王子と後宮の侍従長の尽力で、アッバースの孫サフィー王子が即位した（サフィー一世▲）。アッバースの遺骸はカーシャーン▲に葬られた。アルダビールでもマシュハドでもなく、旧都ガズヴィーンと新都イスファハーンの間に位置して凱旋のたびに盛大に市民にむかえられた街でアッバースは静かに眠りについた。精力的に国づくりをおこないながら、アッバースは自身の神格化には無頓着であり、その意味でも伝統的・保守的な思考の持ち主であったように考えられる。後世のペルシア語史書では、アッバースは「世界征服者のハーガーン（帝王）様」の諡《おくりな》で記される。

サフィー一世の治世は血で血を洗う粛清劇で幕を開けた。白人宦官長で後宮を牛耳っていたチェルケス人のユーソフ・アーガー、ファールス総督エマームゴリー・ハーン、コルチ軍長官イーサー・ハーンらがあいついで親族もろとも処刑された。アッバースの治世末期に獲得したカンダハールとバグダードの統治権も失われた（カンダハールは一六四八年に再征服）。しかし、一六三九年のゾハーブの和約▲により、オスマン朝との恒久平和を獲得した。大宰相ミールザー・タギー（四七頁参照）という強力な個性によって行政機構が整えられ、アッバースというカリスマなきあとのサファヴィー朝は内政面でも安定を得た。

十七世紀後半、干ばつによる飢餓や大地震、さらにはコサックの侵入など、大きな災禍があいついで王朝にふりかかった。しかし、アッバース譜代ともいうべき有力家門が率いる王直属集団が王権を支え、指導力の弱いシャーのもとでも繁栄は続いた。大宰相に就任したのは、アッバースの婿であった宗教者、アルメニア系ゴラーム、クルド系武人、イラン系書記官僚など、まさに多士済々である。▲テュルク系武人が軍事力による覇を競い、イラン系官僚が行政機構を支える社会は、シャーの取り巻きによる一極集中の帝国にその姿を変えた。それはシャーという一つの政治中心をさまざまな利害集団が支える統治形態であり、近世ユーラシア帝国としての新たなサファヴィー朝の姿であった。

▼ゾハーブの和約　サファヴィー朝とオスマン朝との間で一六三九年に結ばれた。アマスィヤの和約を基本的に踏襲した。以降、サファヴィー朝滅亡までオスマン朝との大規模な軍事衝突は起こらなかった。

▼アッバース期以降の大宰相　ハーテム・ベグ、ミールザー・タギーのほか、アッバースの婿で高位法官の息子のハリーフェ・スルタン（一六五四没）、アルメニア系ゴラームのモハンマド・ベグ（一六七五没）、クルド系のシャイフ・アリー・ハーン・ザンギャネ（一六九一没）、イラン系で書記官出身のミールザー・モハンマド・イスファハーニー（一六九九没）、ダゲスタン君侯の子孫であるファトフアリー・ハーン・レズギー（一七二一以降没）らが宮廷の最高実力者である大宰相職を務めた。

大宰相ハリーフェ・スルタン

▼**バルーチ勢力とアフガン勢力**　イランとインドの国境付近で活発な活動をみせた諸民族。アフガン勢力は、のちにサファヴィー朝を滅ぼした。

サファヴィー朝は十七世紀後半以降、平和を享受していた。しかし、多元化した社会はしだいに外からの侵入者に対する「抵抗力」を弱めていった。社会も保守化が進み、コーヒー・ハウスに対する反発やユダヤ人に対する強制改宗など不寛容な空気が蔓延していった。一六八九年、南東イランへバルーチ勢力▲が攻撃を加え、アフガン勢力▲も侵入を開始する。第九代シャー、スルタン・ホセイン▲は最後まで軍勢の先頭に立つことはなく、一七二二年、一〇カ月の包囲のすえに王都イスファハーンは陥落し、サファヴィー朝は事実上滅亡した。しかし、ユーラシア大陸の東西南北を結ぶハブ・交差点という地政学的環境を活かした、「イラン国家」の強力な政治領域的一体性はその後も維持された。

　カスピ海西岸の小都市アルダビールから出発したサファヴィー政権は、支配の正統化をめぐる旅を続けてきた。アッバースは海の時代に対応して、アナトリアからホラーサーンに抜ける東西の軸と、カスピ海とペルシア湾を結ぶ南北の軸を整備して連結し、ユーラシアの陸と海の動脈を再構築した。さらに、十二イマーム・シーア派を根づかせることで臣民に揺るぎない個性を与え、諸外国と実利主義にもとづいた関係を築いて、新たな人の移動の時代に対応した帝

▼スルタン・ホセイン（一六六八～一七二六）　サファヴィー朝事実上最後のシャー（在位一六九四～一七二二）。「シャーのマドラサ」など大規模な建築事業を興し、イスラーム法学者を重用した一方で、最後まで軍事活動の前線に立つことはなかった。アフガン勢力によって幽閉されたのち、処刑された。

国をつくりあげた。北西イラン・東アナトリア境域出身者による異形の宗教王国の、支配の正統性を求めた戦いに、自らのカリスマ・軍略・統治能力をもってアッバースは答えを出した。ユーラシアにおける新たな秩序形成の時代のなかで、イラン高原にサファヴィー朝の生きる場所を見出したのである。アッバースは今日イランと呼ばれる国と地域にまさに「自画像」を与えたのであった。

教団指導者、自由主義者、清濁あわせ飲む独裁者。アッバースは瀕死のサファヴィー朝を不死鳥のように甦らせ、現代イランにつながる宗教と地域アイデンティティを確立した。時流にみごとに乗ったシャー・アッバース一世は、大王の代名詞として「イラン史上」に大きな足跡を残した。

アッバース１世とその時代

西暦	年齢	おもな事項
1501		サファヴィー朝成立
1514		チャルディラーンの戦いでオスマン軍に大敗
1555		アマスィヤの和約。オスマン朝との国境画定
1571	0	ヘラート（現アフガニスタン）で誕生
1576	5	祖父タフマースプ１世死去
1578	7	父モハンマド・ボダーバンデ即位
1587	16	師父に擁立され，ガズヴィーンに進軍，５代シャーに即位
1589	18	ウズベク勢力によりヘラート陥落。師父モルシェドゴリー・ハーンを処刑
1590	19	マシュハド陥落。イスタンブルの和約でオスマン朝に北西領域を割譲。カンダハールをムガル朝が併合
1591	20	イスラーム暦千年，この頃，イスファハーン造営本格化。イラン中南部およびカスピ海沿岸の支配を回復へ
1593	22	3日間退位ののちに復位，ノクタヴィー教団を弾圧
1595	24	ファールス総督にアッラーヴェルディー・ハーンを任命
1598	27	イスファハーンに遷都。ウズベク勢力を破り，東方領域を回復。副王ファルハード・ハーンを処刑。ヨーロッパ諸国に大使を派遣
1601	30	イスファハーンからマシュハドまで徒歩で巡礼
1603	32	オスマン朝に対する北西領域奪還作戦を開始，タブリーズ，エレヴァンなどを回復（～1607）
1604	33	ジョルファのアルメニア人をイスファハーンに強制移住（～1605）
1607	36	対オスマン戦役終了。まもなく無謬の14人ワクフ設定（1607/08）。アルダビールやマシュハドの宗教施設を整備
1609	38	クルド勢力弾圧（～1610）
1611	40	イスファハーンに新金曜モスク（王のモスク）建設
1612	41	カスピ海近くの夏離宮アシュラフとファラハーバード造営開始（～1613）
1613	42	グルジア（ジョージア），シルヴァーン（現アゼルバイジャン）へ懲罰遠征開始。10万人をこえる住民をイラン内地へ強制移住（～1617）
1615	44	長子サフィー王子暗殺
1622	51	ムガル朝に勝利し，カンダハール（現アフガニスタン）を征服。イギリスの助力でホルムズ島を征服し，ポルトガル勢力を放逐
1624	53	バグダード（現イラク）を征服
1625	54	グルジアで大規模な反乱
1629	57	マーザンダラーン地方のアシュラフで死去
1639		サフィー１世，オスマン朝とゾハーブの和約を結び，国境再確定
1722		アフガン勢力によりイスファハーン陥落
1736		ナーディル・シャー即位，サファヴィー朝滅亡

参考文献

阿部克彦「近世日本におけるイラン・インド染織品の輸入とインド洋交易」『歴史評論』826，2019年

鎌田由美子『絨毯が結ぶ世界——京都祇園祭インド絨毯への道』名古屋大学出版会，2016年

岸本美緒編『1571年 銀の大流通と国家統合』（歴史の転換期6）山川出版社，2019年

後藤裕加子「サファヴィー朝の「統治の都」における王宮地区建設事業——カズヴィーンのサアーダトアーバードを事例として」『関西学院史学』45，2018年

杉山隆一「サファヴィー朝後期におけるイマーム・レザー廟のワクフ」『日本中東学会年報』26，2010年

永田雄三・羽田正『成熟のイスラーム社会』（世界の歴史15）中央公論社，1998年

羽田亨一「2種の「イラン」——「イラン国民」意識形成史序説」『アジア・アフリカ言語文化研究』27，1984年

羽田正『モスクが語るイスラム史——建築と政治権力』中央公論社，1994年

羽田正編著『シャルダン『イスファハーン誌』研究——17世紀イスラム圏都市の肖像』東京大学出版会，1996年

平野豊「カズヴィーン遷都の年代比定——16世紀サファヴィー朝文化史再編の観点から」『イスラム世界』48，1997年

深見奈緒子『イスラーム建築の世界史』岩波書店，2013年

デイヴィッド・ブロー著（角敦子訳）『アッバース大王——現代イランの基礎を築いた苛烈なるシャー』中央公論新社，2012年

前田弘毅「サファヴィー朝期イランにおける国家体制の革新——「ゴラーム」集団台頭の歴史的意義について」『史学雑誌』107-12，1998年

前田弘毅「サファヴィー朝の「ゴラーム」——「グルジア系」の場合」『東洋学報』81-3，1999年

前田弘毅「シャー・アッバース1世の対カフカス政策——「異人」登用の実像」『史学雑誌』113-9，2004年

前田弘毅『イスラーム世界の奴隷軍人とその実像——17世紀サファヴィー朝イランとコーカサス』明石書店，2009年

前田弘毅「ピエトロ・デッラ・ヴァッレの旅——17世紀イタリア人貴族の見た「イラン社会」」*Ex Oriente*，21，2014年

森岩紀賢「サファヴィー朝の王室総監職」『中央大学アジア史研究』36，2012年

歴史学研究会編『世界史史料2　南アジア・イスラーム世界・アフリカ』岩波書店，2009年

Emami, Farshid, “Coffeehouses, Urban Spaces, and the Formation of a Public Sphere in Safavid Isfahan,” *Muqarnas: An Annual on the Visual Culture of the Islamic World* 33 (2016).

Falsafī, Nasrallāh, *Zendegānī-ye Shāh ‘Abbās-e Avval*, Enteshārāt-e Elmī, 1992/93.

Floor, Willem and Edmund Herzig (eds.), *Iran and the World in the Safavid Age*, I. B. Tauris, 2012.

Maeda, Hirotake “On the Ethno-Social Background of Four Gholām Families from Georgia in Safavid Iran” , *Studia Iranica*, 32 (2003).

Maeda, Hirotake “Slave Elites Who Returned Home,” *Memoirs of the Research Department of the Toyo Bunko*, 69 (2011).

Matthee, Rudi (ed.), *The Safavid World*, Routledge, 2021.

Savory, Roger M., *Iran under the Safavids*, Cambridge University Press, 1980.

図版出典一覧

Alai, Cyrus, *Special Maps of Persia, 1477-1925*, Brill, 2010. *89* 上

Blake, Stephen P., *Half the World: The Social Architecture of Safavid Isfahan, 1590-1722*, Mazda, 1999. *64* 中, *65* 右上・右下

Bull, George Anthony, *The Pilgrim: The Travels of Pietro Della Valle*, Folio Society, 1989. *57* 右上・左上, *83* 右

Canby, Sheila R., *The Rebellious Reformer: The Drawings and Paintings of Riza-Yi 'Abbasi of Isfahan*, Azimuth Editions, 1999. *68, 73* 左

Canby, Sheila R., *The Golden Age of Persian Art 1501-1722*, The British Museum Press, 2002. *44, 66* 下, *67* 左, *72, 76, 80*

Canby, Sheila R., *Shah 'Abbas: The Remaking of Iran*, British Museum, 2009. *31, 32* 左上・右上・下, *34, 45* 上・中・下, *46, 47, 66* 中, *74, 75, 81, 87, 89* 下

De Castelli, Don Kristoforo, B. Giorgadze tr. and ed., *Tsnobebi da albomi Sakartvelos shesakheb*, Metsniereba, 1976. *60* 左, *84, 90*

Emami, Farshid, "Coffeehouses, Urban Spaces, and the Formation of a Public Sphere in Safavid Isfahan," *Muqarnas: An Annual on the Visual Culture of the Islamic World* 33 (2016). *63, 64* 下, *65* 左上, *69*

Emami, Farshid, "Royal Assemblies and Imperial Libraries: Polygonal Pavilions and their Functions in Mughal and Safavid Architecture," *South Asian Studies* 35-1 (2019). *64* 上

Falsafī, Nasrallāh, *Zendegānī-ye Shāh 'Abbās-e Avval*, Enteshārāt-e Elmī, 1992/93. *60*

Froom, Aimée, *Bestowing Beauty: Masterpieces from Persian Lands*, Museum of Fine Arts Houston, 2019. *42*

Hillenbrand, Robert (ed.), *Persian Painting from the Mongols to the Qajars*, I.B.Tauris Publishers, 2000. *3*

Jackson, Peter, and Laurence Lockhart (eds), *The Cambridge History of Iran*, vol. Ⅵ, Cambridge University Press. *65* 左下

Komaroff, Linda, *Gifts of the Sultan: The Arts of Giving at the Islamic Courts*, Los Angeles County Museum of Art, 2011. *33, 54, 83* 左

Langer, Axel (ed.), *The Fascination of Persia: The Persian-European Dialogue in Seventeenth-Century Art & Contemporary Art of Teheran*, Verlag Scheidegger Und Spiess AG, 2013. *2, 29, 55, 56, 57* 右下・左下, *66* 上, *94, 95*

Roxburgh, David J., *The Persian Album, 1400-1600: From Dispersal to Collection*, Yale University Press, 2005. *21*

Sims, Eleanor, *Peerless Images: Persian Painting and Its Sources*, Yale University Press, 2002. *23, 73* 右

Tavernier, Jean-Baptiste, *Voyages en Perse*, Club des Libarires de France, 1964. *39*

Thompson, Jon and Sheila R. Canby, *Hunt for Paradise: Court Arts of Safavid Iran 1501-1576*, Skira, 2003. *17*

著者撮影 *53, 85*

ユニフォトプレス提供 *41, 67* 右, *92*, カバー表・裏, 扉

前田　弘毅（まえだ　ひろたけ）
1971年生まれ
東京大学文学部東洋史学科卒業
博士（文学，東京大学）
専攻，西アジア（イラン・グルジア）史，コーカサス地域研究
現在，東京都立大学　人文社会学部　教授

主要著書

『イスラーム世界の奴隷軍人とその実像――17世紀サファヴィー朝イランとコーカサス』（明石書店 2009）
『多様性と可能性のコーカサス――民族紛争を超えて』（編著，北海道大学出版会 2009）
『ユーラシア世界1 〈東〉と〈西〉』（共著，東京大学出版会 2012）
『黒海の歴史――ユーラシア地政学の要諦における文明世界』（チャールズ・キング著，監訳，明石書店 2017）

世界史リブレット人㊺
アッバース1世《せい》
海《うみ》と陸《りく》をつないだ「イラン」世界《せかい》の建設者《けんせつしゃ》

2022年1月10日　1版1刷印刷
2022年1月20日　1版1刷発行

著者：前田弘毅《まえだひろたけ》

発行者：野澤武史

装幀者：菊地信義＋水戸部　功

発行所：株式会社 山川出版社

〒101-0047　東京都千代田区内神田1-13-13
電話　03-3293-8131（営業）8134（編集）
https://www.yamakawa.co.jp/
振替　00120-9-43993

印刷所：株式会社 プロスト

製本所：株式会社 ブロケード

 ISBN978-4-634-35045-8

世界史リブレット 人

1 ハンムラビ王——中田一郎
2 ラメセス2世——高宮いづみ・河合 望
3 ネブカドネザル2世——山田重郎
4 ペリクレス——前沢伸行
5 アレクサンドロス大王——澤田典子
6 古代ギリシアの思想家たち——髙畠純夫
7 カエサル——毛利 晶
8 ユリアヌス——南川高志
9 ユスティニアヌス大帝——大月康弘
10 孔子——高木智見
11 商鞅——太田幸男
12 武帝——冨田健之
13 光武帝——小嶋茂稔
14 冒頓単于——沢田 勲
15 曹操——石井 仁
16 孝文帝——佐川英治
17 柳宗元——戸崎哲彦
18 安禄山——森部 豊
19 アリー——森本一夫
20 マンスール——高野太輔
21 アブド・アッラフマーン1世——佐藤健太郎
22 ニザーム・アルムルク——井谷鋼造
23 ラシード・アッディーン——渡部良子
24 サラディン——松田俊道
25 ガザーリー——青柳かおる
26 イブン・ハルドゥーン——吉村武典
27 レオ・アフリカヌス——堀井 優
28 イブン・ジュバイルとイブン・バットゥータ——家島彦一
29 カール大帝——佐藤彰一
30 ノルマンディー公ウィリアム——有光秀行
31 ウルバヌス2世と十字軍——池谷文夫
32 ジャンヌ・ダルクと百年戦争——加藤 玄
33 王安石——小林義廣
34 クビライ・カン——堤 一昭
35 マルコ・ポーロ——海老澤哲雄
36 ティムール——久保一之
37 李成桂——桑野栄治
38 永楽帝——荷見守義
39 アルタン——井上 治
40 ホンタイジ——楠木賢道
41 李自成——佐藤文俊
42 鄭成功——奈良修一
43 康熙帝——岸本美緒
44 スレイマン1世——林佳世子
45 アッバース1世——前田弘毅
46 バーブル——間野英二
47 大航海時代の群像——合田昌史
48 コルテスとピサロ——安村直己
49 マキァヴェッリ——北田葉子
50 ルター——森田安一
51 エリザベス女王——青木道彦
52 フェリペ2世——立石博高
53 クロムウェル——小泉 徹
54 ルイ14世とリシュリュー——林田伸一
55 フリードリヒ大王——屋敷二郎
56 マリア・テレジアとヨーゼフ2世——稲野 強
57 ピョートル大帝——土肥恒之
58 コシューシコ——小山 哲
59 ワットとスティーヴンソン——大野 誠
60 ワシントン——中野勝朗
61 ロベスピエール——松浦義弘
62 ナポレオン——上垣 豊
63 ヴィクトリア女王、ディズレーリ、グラッドストン——勝田俊輔
64 ガリバルディ——北村暁夫
65 ビスマルク——大内宏一
66 リンカン——岡山 裕
67 ムハンマド・アリー——加藤 博
68 ラッフルズ——坪井祐司
69 チュラロンコン——小泉順子
70 魏源と林則徐——大谷敏夫
71 曽国藩——清水 稔
72 金玉均——原田 環
73 レーニン——和田春樹
74 ウィルソン——長沼秀世
75 ビリャとサパタ——国本伊代
76 西太后——深澤秀男
77 梁啓超——高柳信夫
78 袁世凱——田中比呂志
79 宋慶齢——石川照子
80 近代中央アジアの群像——小松久男
81 ファン・ボイ・チャウ——今井昭夫
82 ホセ・リサール——池端雪浦
83 アフガーニー——小杉 泰
84 ムハンマド・アブドゥフ——松本 弘
85 イブン・アブドゥル・ワッハーブとイブン・サウード——保坂修司
86 ケマル・アタテュルク——設樂國廣
87 ローザ・ルクセンブルク——姫岡とし子
88 ムッソリーニ——高橋 進
89 スターリン——中嶋 毅
90 陳独秀——長堀祐造
91 ガンディー——井坂理穂
92 スカルノ——鈴木恒之
93 フランクリン・ローズヴェルト——久保文明
94 汪兆銘——劉 傑
95 ヒトラー——木村靖二
96 ド・ゴール——渡辺和行
97 チャーチル——木畑洋一
98 ナセル——池田美佐子
99 ンクルマ——砂野幸稔
100 ホメイニー——富田健次

〈シロヌキ数字は既刊〉